4·16구술증언록 단원고 2학년 7반 제5권

그날을 말하다

근형 아빠 이필윤

4·16구술증언록 단원고 2학년 7반 제5권

그날을 말하다

근형 아빠 이필윤

4·16기억저장소 기획 편집
(사) 4·16세월호참사가족협의회 지원 협조

한울

일러두기

1. 음절로 식별 가능한 소리를 들리는 대로 전사하는 것을 원칙으로 한다.

2. 의미를 파악하기 위해 추가 설명이 필요할 경우 [ ]로 표시한다.

3. 몸짓, 어조 등 비언어적 행위는 ( )로 표시한다.

4. 구술자가 말을 잇지 못해 말줄임표를 사용하는 경우 ……, …로 길고 짧음을 표시한다.

5. 비공개 영역은 〈비공개〉로 표시한다.

6. 비공개해야 하는 희생자 형제자매의 이름은 ○○, △△ 등의 도형기호로, 생존자의 이름은 A, B, C 등 알파
   벳 대문자로 표시한다.

7. 비공개해야 하는 제3자는 직분이나 소속, 성만 공개하고, 이름은 ××로 표시한다. 비공개해야 하는 숫자는
   자릿수에 상관없이 □로 표시하며, 지명은 □□로 표시한다.

　　4·16기억저장소에서는 세월호 참사 5주기를 맞아 구술증언 수집 사업의 결과물 일부를 100권의 책으로 발간하게 되었습니다. 이 사업은 2015년 6월부터 다양한 학문 분야 구술 연구자들의 자발적인 참여로 진행되어 왔으며, 세월호 참사를 좀 더 정확하고 다각적으로 기록하고 기억하고자 하는 노력의 일환으로 수행되었습니다.

　　2014년 참사 발생 이후, 참사 피해자들의 목격담과 경험은 안타깝게도 공식적인 국가기관과 언론의 기록 속에서 철저히 소외되거나 왜곡되었습니다. 그것은 세월호 참사가 우리에게 안긴 죽음과 고통의 충격만큼이나 우리 사회의 끔찍한 비극이었습니다. 따라서 사업을 진행하면서 세월호 참사 희생자 가족, 생존자, 생존자 가족, 어민, 잠수사, 활동가, 기자 등등, 참사의 초기 과정을 직접 경험한 분들의 증언을 우선적으로 수집했습니다. 구술자는 이 사업의 취

지와 방식에 개인적으로 동의한 분 중에서 선정했으며, 참여 과정에 어떠한 금전적 보상이나 이익이 제공되지 않았습니다. 또한 구술증언 수집 사업을 진행하는 동안, 면담자는 연구자이자 참사를 겪은 공동체 시민으로서 최대한 윤리적이고자 노력했습니다.

구술자마다 매회 약 2시간씩 3회를 원칙으로 음성 녹취와 영상 촬영을 하는 방식으로 진행되었고, 증언의 일관성을 확보하기 위해 면담자는 큰 틀에서 공통 질문지를 사용했습니다. 공통 질문지의 내용은 참사와 구술자 간의 관계성에 따라 차이가 있지만, 유가족 구술의 경우 1회차 '참사 이전의 삶, 팽목항과 진도에서의 경험, 자녀에 대한 기억'을, 2회차 '참사 이후 투쟁과 공동체 활동 경험'을, 3회차 '참사 이후 개인 및 가족이 경험한 삶의 변화와 깨달음, 자녀의 현재적 의미'를 중심으로 했습니다. 이처럼 증언 내용은 참사 이전에서 시작해 참사 발생 당시의 경험과 이후의 변화 과정까지 폭넓게 수집했고, 면담자는 구술 채록 과정에서 구술자의 발화를 최대한 존중하고자 했으며, 무엇보다 각자의 특수한 경험과 다른 시각을 충실히 반영하고자 했습니다.

이 구술증언록의 발간을 위해, 채록된 음성 자료는 문서로 변환해 구술자와 함께 검토했고, 현재 시점에서 공개할 수 있는 영역과 할 수 없는 영역으로 구별했습니다. 따라서 책에 실린 내용은 모두 구술자로부터 공개를 허락받은 부분입니다. 비공개 영역은 추후 구술자의 동의를 받아 적절한 절차를 거쳐 추가로 공개될 수 있으리라 생각합니다.

이 구술증언록 100권에는 그동안 우리 사회에 왜곡되어 알려지거나 잘 알려지지 않았던, 참사 발생 직후 팽목항과 진도 혹은 바다에서의 초기 상황에 관한 중요한 증언이 포함되어 있습니다. 또한, 자녀를 잃는 잔인하고 애통한 상황을 겪으면서도 그 누구보다 강인한 정치적 주체로 성장할 수밖에 없었던 유가족의 마음과 경험을 구체적으로, 그리고 여러 각도에서 살펴볼 수 있습니다. 그 외에도, 이 구술증언록은 2014년을 전후한 한국 사회의 여러 측면을 드러내는 귀중한 자료가 되리라고 생각합니다. 무엇보다 국내외의 많은 분이 이 책을 읽어, 장차 세월호 참사의 진상 규명과 역사 서술에 기여할 수 있기를 바랍니다.

구술증언 수집 사업이 진행되고, 책으로 출간되기까지 많은 분의 도움과 지지가 있었습니다. 이 지면을 빌려 부족하나마 감사의 말씀을 전하고자 합니다.

먼저 (사)4·16세월호참사가족협의회와 4·16기억저장소에 감사를 드립니다. 이분들의 신뢰와 적극적인 협조가 없었다면, 이 사업은 처음부터 시작할 수조차 없었을 것입니다. 또한 어려운 정치 환경 속에서도 사업의 취지에 공감해 재정 지원을 결정해 준 아름다운가게와 역사문제연구소에 감사드립니다. 두 단체 덕분에, 이 사업을 4년 동안 계속해 올 수 있었습니다. 그리고 구술증언록 100권의 발간에 동의하고, 바쁜 일정에도 출판 실무를 기꺼이 맡아주신 한울엠플러스(주)에도 감사를 드립니다. 이 외에도 많은 개인과 단체가 직간접적으로 많은 도움을 주시고 격려해 주셨습니다. 여기에 모두 밝히지 못하는 것을 죄송하게 생각합니다.

　말할 필요도 없이, 가장 크고 또 가슴 아픈 감사는 구술자 한 분한 분께 드리고자 합니다. 이 책이 발간될 수 있었던 것은, 무엇보다 용기를 내어 아픔과 고통의 기억을 다시 떠올리고 장시간 진심으로 이야기를 해주신 구술자가 있었기 때문입니다. 오랜 시간 이야기를 나누며 함께 공감하기도 했지만, 그 아픔과 고통을 어떻게 가늠할 수 있을까 싶습니다. 더 큰 도움이 되지 못함을 안타까워하며, 이 구술증언록 100권의 발간이 피해자분들에게 조금이라도 위로가 될 수 있기를 기원합니다.

2019년 4월
4·16기억저장소 구술팀 책임자
서울대학교 인류학과 교수 이현정

차례

■ 1회차 ■

■ 3회차 ■

근형 아빠 이필윤

구술자 이필윤은 단원고 2학년 7반 고 이근형의 아빠다. 근형이는 아빠가 의지할 수 있는 똑똑하고 듬직한 둘째 아들이었다. 붙임성이 좋고 동생을 살뜰히 돌보던 준형이는 유명한 동생 바보였다. 아빠는 근형이와의 약속을 지키기 위해 진상 규명 활동에 힘쓰면서 슬픔을 다스리고 있다.

이필윤의 구술 면담은 2016년 2월 4일, 3월 3일, 11일, 3회에 걸쳐 총 6시간 30분 동안 진행되었다. 면담자는 정수아, 촬영자는 정수아·김솔이었다.

구술자 본인의 프라이버시나 제3자의 프라이버시를 보호해야 할 부분을 제외하고는 구술자의 발화를 있는 그대로 전사했다.

1회차

2016년 2월 4일

1
시작 인사말

면담자　　　　본 구술증언은 4·16 사건에 대한 참여자들의 경험과 기억을 기록으로 남김으로써 이후 진상 규명 및 역사 기술에 기여하고자 합니다. 지금부터 이필윤 씨의 증언을 시작하겠습니다. 오늘은 2016년 2월 4일이며, 장소는 안산시 단원구 글로벌다문화센터입니다. 면담자와 촬영자는 정수아입니다.

2
구술 참여 동기

면담자　　　　구술증언에 참여하게 되신 동기가 있으신가요?

근형 아빠　　　일단 기록에 남겨야 되니까, 역사적으로 이 사건을 없애면 안 되잖아요. 그래서 조금이나마 역사적으로 잊혀지지 않을 수 있게 도움을 주고자 이렇게 왔죠.

면담자　　　　이 증언이 어떠한 목적으로 사용됐으면 하시나요?

근형 아빠　　　진상 규명.

면담자　　　　진상 규명 말고 다른 부분에도 사용이 되면 좋겠다거나 하는 건 없으신가요?

근형 아빠　　　그거는 앞날에 애들이 더 안전한 사회에서 살 수 있게끔 하는 목적으로 사용했으면 좋겠지.

3
안산 정착 전 젊은 시절

면담자   4·16 이전의 삶에 대해서 좀 여쭤보겠습니다. 안산에 사신 건 언제부터셨나요?

근형 아빠   [19]95년서부터 살았어요. 그 전에는 서울에서 살다가 다 말아먹고 (웃으며) 안산에 왔죠. 안산에 와서 살다가 97년에 근형이 갖고 열심히 살았어요. 말하자면 너무 길고 힘든 상황이죠. 사는 게 그렇잖아요, 다 힘들죠. 우리 가족분들이 다 그럴 거예요, 너무 그냥 올바르게 살다가 이 사건을 겪은 건데. 진짜 자식 위해서 아니면 집사람을 위해서 열심히 진짜 똑딱똑딱 집, 회사, 집, 회사 그런 식으로 살았잖아요. 이 세상 어떤 사람들이 죽었는지 살았는지 그런 거 생각을 못 한 거죠, 우리 살아가는 데 있어서. '어디서 사고 났다' 그것을 생각을 못 했어요. '어디서 불났다, 어떤 사람이 죽었다' 그거를 생각을 못 했다고, 나 살아가는 데 바빠 가지고. 바쁜데 나 목숨이 왔다 갔다 하는데 우리 애들 멕여 살려야 되는데 하루 벌어 하루 사는데, 어찌 그럴 겨를이 있겠어요. 열심히 살았어요, 그러고.

면담자   안산으로 오시기 전에 사업을 하셨나요?

근형 아빠　　　가게 같은 거 했어요, 그것도 얘기할라면 나는 진짜…. 저기 화성에서 태어났어요, 경기도 화성 비봉 거기서 태어났는데 가난한 농부의 자식으로 태어나 가지고, 부모님들은 이런 얘기하면은 진짜 (한숨을 내쉬며) 너무 서러워 가지고. 막내로 아버님이 사셔가지고 그 아버님의 설움을 생각하면은 자식으로서는 진짜 형용할 수 없을 정도로 성질나고 화도 나고 그런 삶을 겪으신 아버님, 어머님이세요. 막내라 재산도 많이 못 받고, 상속 같은 거. 그런데도 노력해 가지고 땅도 일궈놓고. 그리고 나[내가] 장가도 못 갔는데, 장남인데 아버님이 일찍 돌아가셨어요. 일찍 돌아가시고 그냥 고충만 겪다가 농사만 그냥 죽어라고 짓다가 며느리도 못 보고, 손주도 못 보고 그냥 [돌아가셨어요]. 손이 저리다고 해서 저기 경동시장 침 맞으러 댕기시는 거야. 버스를 타고 전철을 타고 이렇게 하고 가야 되는 거야. 근데 수원에서 전철을 타고 청량리, 경동시장까지 가는 거예요. 갔는데 수원서 청량리까지 서서 가신 거야. 애들이 너무 자리를 양보를 안 했던 거야. 그래 청량리역에서 쓰러지신 거지. 아니, 경동시장 근처에서 쓰러지신 거야.

친구분 같이 가셨는데, 그분이 어떻게 해서 그 침 맞는 데 가서 치료받고 다시 오신…. 내가 서울서 가게 하면서 그 소리를 듣고, 나는 그때 차가 없었으니까 친구한테 연락해서 "야 너 차 가져와, 빨리" [했더니] 걔가 포니인가 (웃으며) 옛날 차 있어요, 프라이드인가? 그거를 끌고 왔더라고. "야, 지금 아버님 쓰러지셨다니까 동수원병원 가자" 그놈이 운전하는 놈이라 그거를 40분 만에 서울에서 동수원병원 온 거야. 냅다 달리더니 그래 갖고 동수원병원에 가서, 치료해 줄 게 없대. "그럼 다른 병원에 가자" 그랬더니 다른 병원에 갔다 온 거래, 아주대병원에 갔다 온 거래, 그게 동수원병원을.

면담자   너무 고생을 하셨네요.

근형 아빠   응, 해줄 게 없대. 그러더니 가다가 시골 야매 침놓는 데, 잘 놓는 데가 있대.

면담자   어르신들한테 잘 듣는?

근형 아빠   예. "하여튼 밑져야 본전이니까 한번 거기 가보자" 거기 가니까 그 노인네[침놓는 사람]가 그러는 거야. "아유, 안 돼. 벌써 가셨어" 그러는 거예요. 멀쩡한데 가셨대는 거여. "안 돼 이거는" 멀쩡한데 가셨대, 멀쩡해서 말도 하시고 막 그래요, 어눌하지만은. 그래서 집으로 모셨어. 집으로 모시고 막 주물러드리고, 가족이 다 왔잖아요. 동생도 오고 누나도 오고 다 와서 주물러드리다가, 내 가게가 걱정이 되는 거여. 누워 계셔서 말도 하고 그랬는데 아무렇지도 않으니까, 더 진전도 없고 그러니까 가게를 잠깐 가서 정리 좀 하고 올라고 갔는데 전화가 막 오는 거야. 그래서 전화를 못 받았어, 겁나잖아요. 전화 못 받고 그냥 정리고 뭐고 잠깐 하고 셔터 내리고 그냥 왔어. 아나나 달러, 벌써 아버님이 돌아가신 거야. 그것도 친구가, 택시 하는 놈 택시 타가지고 간 거야. 또 택시 타고 가니까 "벌써 돌아가셨다고, 왜 인제 오느냐?", "오는 차가 있어야 오고, 차 오는 시간이 있는데, 가는 시간이 있고 오는 시간이

근형 아빠 이필윤

있는데 뭘 인제 오냐고? 바로 갔다가 바로 온 건데" 그래 갖고 돌아가셨어요, 불효했지…. [나는] 장가도 못 갔고 고생만 하시다가 그냥 그렇게 설움만 받다가. 〈비공개〉 내가 느꼈으니까, 내가 몇 년 동안, 3, 4년 동안 농사를 지었어요, 시골에서. 〈비공개〉 내가 이랬는데 아버님은 어땠겠어? 〈비공개〉

나는 그래도 후회는 안 해요. 경험이고, 삶이고 이거보다 더 고생스러운 일도 했어요. 나는 옛날에 구두닦이도 하고 아니면 구두 찍기도 하고, 다방 같은 데 가서 "구두 닦으세요" 쓰레빠[슬리퍼] 주고 구두 가져오고, 짜장면도 만들어보고 별거 다 했네, 연탄 배달도 하고. 연탄 배달도 리어카로 가서 지게로 지고 나르고 그랬던 거예요. 엄청 고생스러운 일이에요, 그런 게 다, 노가다도 해보고. 〈비공개〉 어려워서 어떻게 대학교를 가요? 못 가지.

학교 댕길 땐 선생님이 조회 있잖아요, 아침에 조회 그러면 누구누구 불러, 나도 부를 거잖아. "니들 언제까지 육성회비 낼 거여?" 일요일 날까지 불렀으면 선생님이 그죠? 〈비공개〉 그렇게 사는데 어떻게 대학교를 가요? 〈비공개〉

그렇게 살다가 그 공장에서 내가 작전을 짠 거여 "여기서 헤어나야 되겠다. 600만 원 이상 모은 거 있으니까 한 3000 만들어가지고 가게를 하나 차리자, 나도 편히 좀 살아보자". 〈비공개〉 "한번 나도 양복 입고 딱 응? 가게나 한번 해보자" 그래서 찾은 게 비디오 가게(웃으며). 옛날 90년대는 비디오 가게가 이렇게 그래프를 그리자면 상한선이었어. 〈비공개〉 그렇게 해갖고 그걸 하다가, 점점점

손님이 떨어지더라고. 접자, 그래서 쫄딱 망한 거 아녀. 〈비공개〉

면담자   그럼 결혼은 안산 와서 하신 거예요?

근형 아빠   안산 와서 바로 한 거지.

면담자   그럼 어머님은 원래 사귀시던 분인가요?

근형 아빠   그렇지, 서울에서 꼬셔가지고. 아, 망해가지고 서울에서 잠깐 있었어, 삼양동에서 잠깐 있는데 어떤 여자가 그 길을 가다가, 그러니까 언덕배기라 삼양동에는 언덕이 많아. 이렇게 계단도 많구요, 계단 올라가다가 구두 굽이 이렇게 작살이 났나 봐. 꼬물딱 꼬물딱 하고 있다가 "도와드릴까요?" 그랬더니 고맙대, 도와줬지. 그 이후로 사귄 거야(웃음). 〈비공개〉

큰아들을 뺐는데 살아야지. 그잖아요, 내가 책임을 져야 되잖아요. 〈비공개〉 엄마한테 얘기했더니 "해라, 해" 그러더라고. 〈비공개〉 그렇게 결혼을 했어요. 그리고 데리고 살았어, 근데 또 두 놈, 근형이가 나온 거야. 근형이가 드디어 출생한 거야. 〈비공개〉 "내가 자리 잡고 살 만하면은 그렇게 해보자" 하고 살은 거여. 웬걸, 이게 먹고살라니까 진짜 힘들잖아요, 세상살이가 쉬운 게 아니잖아요. 맨날 똑딱똑딱 왔다 갔다 야간에 일하는데, 나는 밤에 일해요. 밤에, 비 철철 내려도 그 비를 다 맞고 눈 빡세게 와도 그 눈을 다 맞고 태풍이 불어도 그 창고가 넘어가는 걸 그 장면을 다 봐가면서 일을 하는 거야.

4
4·16 이전 직장생활 및 일상

면담자   아버님 왜 이렇게 고생이 많으셨어요?

근형 아빠   (웃으며) 그때 냄새 철철 나는 데서 와, 진짜 아침에 퇴근하는데 24시간씩 근무니까 아침에 퇴근해요, 그걸 13년 동안 했어요. 어떻게 다른 기술이 없으니까 그 기술을 터득했으니까 그걸로만 해야지. 그게 뭐냐 하면 수질을 관리하는 거야, 물을 나쁜 물을 좋게 만들어서 내보내는 거. (면담자 : 피혁 공장에서?) 그렇지, 그렇지.

면담자   반월공단에서 하셨군요.

근형 아빠   (한숨을 내쉬며) 거기서 14년 동안 궂은일 하면서도 계속 여태까지 했던 거야, 애 사고 나는 날도 근무를 했던 거야. 근데 아침에 퇴근이잖아, 내가요. 애는 수학여행 간 거예요, 나 얼굴도 못 보고. 얼굴도 못 봤어요. 그 전날에 내가 하루 용돈을 5만 원씩 탔었었어요, 내가. 근데 3만 원을 내가 줬어요. (면담자 : 근형이한테) 응, 근형이. "야, 엄마한테 얘기하지 마라. 그리고 더 받아" 엄마한테 더 받으라고 엄마한테 얘기하지 말라 그런 건데, 얘기했을 거야 아마(웃음). (면담자 : 착하네요) 응, 착하니까. 근데 그놈이 [수습되고] 4만 원이 나왔어, 돈이.

면담자   엄마한테 만 원 더 받은 건가요?

근형 아빠　　　아니, 5만 원. 만 원은 쓴 거야. 4만 원이 돈이 나왔어. 근데 기록에는 3만 원이라고 써 있어. 근데 이게 제대로 못 센 거야, 붙어 있어가지고. "아유, 더 쓰지 이놈이 만 원밖에 안 쓰고, 그것도 또 아꼈다가 엄마 갖다줄라고" 걔는 그렇게 심성이. (면담자 : 선물 사려고 하거나) 응, 심성이 착해 가지고 지 쓰라고 준 걸 갖다가 맨날 "아빠, 노래방 [가자]" [그러면] "이근형, 이근똥, 너 아빠는 가서 트로트라도 열심히 부를 텐데 너는 다른 거 부를 거 아니냐, 그러면 주빨이[장단이] 맞겠냐?" 그리고 안 가고 막 그랬거든. 근데 그거 안 간 게 얼마나 안타까운지, 가줬어야 되는데….

　　　나보고, 내가 돈이 있어야 이렇게 돈을 줬어야 되는 건데, 5만 원을 어떻게 주겠어요? 담배도 끊고, 13년도에 담배를 끊었어요. 근데 그 진도에서도 성질이 나잖아요, 성질이 나는데도 참았어. 왜냐, 근형이를 위해서 싸워야 되니까 내가 몸이 상하면 안 될 거 같아서 일부러 담배를 안 폈어요. 싸울 욕심에 그렇게 험하게 살아.

　　　그거 뭐 내가 살은 걸 얘기하자면은 소설 써도 몇 권을 써요. 여기는 줄여버려서 그렇지(웃음). 작가한테 얘기하면 작가는 더 보태서 쓰니까 완전히, 고생 생각하면은 말도 못 하죠. 근형이하고도 여행도 많이 갔어요. 근형이 엄마랑 불국사도 가고 전국 일주도 하고 또 사진도 많이 찍고 그랬는데…. 〈비공개〉

면담자　　　근형이가 과학 선생님이 꿈이었다고 했죠?

근형 아빠　　　예, 과학 선생이 꿈이고 붙임성도 있고. 애가 내가 테레비 보고 있으면 "아빠, 소파에 이렇게 누워 있어, 피곤하니까"

그러더니 툭 올라와. 아빠 몸에 지 머리를 여기다 깔아뭉개고 일부러 힘들게. 그래도 좋은 거야, 나는 그게 얼마나 좋았는지 몰라. 근형이 가요, 그 새끼 붙임성 있고, "야, 너 인제는 아빠보다 커 가지고 엄청 센데?" [그러면] "싫어?" 그러고 쑥 일어나요. 싫은 게 아닌데 (웃으며) 쑥 일어나. 자기 딴에는 장난이에요, 또.

면담자 　　　붙임성이 좋은 아들이네요.

근형 아빠 　　　예, 근형이는 계속 그랬어요. 붙임성이 있고 아빠한테 그렇게 했고. 뭐 막내도 지가 키운대나 어쩐대나.

면담자 　　　동생 바보였다고 들었는데요.

근형 아빠 　　　동생 바보, 완전히 동생 바보예요. 지가 아빠인 줄 알어. (면담자 : 학교에서도 유명했었다고) 예, 유명해, 내가 잘해주지 못한 게 한이지.

면담자 　　　24시간 일하시고, 2교대 근무셨으니까 힘드셨겠어요.

근형 아빠 　　　피곤하죠, 그래도 놀러 가요. 나는 애들한테 해줄 건 다 해줘요. 뭐 인천 자유공원 그런 데도 잘 가고. 〈비공개〉 [참사 이후] 장인, 장모 모시고 대부도 가서, 저[제] 처제까지 해가지고 합쳐서. 뭐예요, 돈 엄청 들어가는 거예요, 그게 그럼 좋대. '우리 근형이 있었으면 얼마나 좋았을까' (면담자 : 그죠) 그 생각에 나는 놀면서도 이걸[근형이 학생증] 차고 가는 거야, 일부러 근형이를, 요놈을 데리고 간 거야, 그냥 '야, 재미있냐? 아빠가 이렇게 한다. 너 잘 봐 둬' 그러면서. 참 좋아했으니까, 근형이가 그런 걸 좋아했으니까. 근형이도 그렇게 했었으니까. 내가 똑같이 해주는 거야, '아빠 이렇게 하고 살고 있다. 잘 지켜봐라, 이놈아'.

면담자　　　근형이가 아버님과 많이 닮았나 봐요.

근형 아빠　　예, 내가 엄청 좋아했어요, 말은 안 했어도 희망이 얘밖에 없었는데 뭐(웃음). 〈비공개〉 몇 년 동안, 7년 동안 그렇게 했어요. 혼자 밥도 잘해주고 요리도 잘해서 주고 그랬어요. 근데 그거 심지어 남자가 힘들잖아요, 7년 이게 쉬운 일이 아니에요. (면담자 : 그럼요) 그 내가 요리를 했었으니까 요리를 잘해서 줘요, 주방장도 했었으니까. 그런데 그것도 이력[싫증]이 나잖아요, 그러면 "야, 오늘 외식이다"(웃음) 〈비공개〉 잠이 안 와, 요새 조금 나아지기는 했어요. 가끔씩 가다가 테레비가 켜져 있으면 한번 꺼볼까 하면서 꺼봐. 조금 있다 잠이 와지더라고, 나아지더라고.

　　(한숨) 엄청 어렵게 사는 놈이에요. 근형이를 위해서는 진짜 해준 거는 학원 당긴다고 그래서, 수학학원 당긴대. "그럼 다녀라" 그럼 몇 개월 다녀[보고는] 배울 게 없대, 아니 수학학원을 댕겼으믄 뭐가 자기에 이득이 있어 가지고 시험 성적이 좋아져야 되는데 안 댕길 때보다 더 안 좋은 거야(웃음). 그렇다고 안 댕긴대. "니 맘대로 해라, 또 필요할 때 이야기해" 그러니까 수학 성적이 또 오른 거야.

면담자　　　안 다니니까요?

근형 아빠　　어, 안 댕기니까. 그 수학 선생이 꿈이래, 중학교 3학년 때는 그렇게 수학을 잘했어요. 100점 맞고 막 그랬어요. 그러다가 고등학교 나오니까[가니까] 수학이 어려워진 거라, 좀 어려워진 거야. 학원에 보내달래, "알았어, 보내줄게" 그레[랬]더니 "유명한 학원 또 있다" 그러더라고. 거기 애들 많이 간다고, "그럼 글로 보내줄게" 이제 보내줄라고 그런 건데, 사고 난 거여.

근데 고등학교 오니까 과학이 자기 적성에 맞는가 봐, 과학 점수가 또 좋아진 거야. 그래 과학 선생이 되겠대. 〈비공개〉 과학 선생님한테 저번에 편지를 썼더라고. 편지 썼는데, 장문의 편지를 썼는데 지가 잘되면은 "이다음에 커서 에쿠스[자동차]를 사준다"는 등 그런 문장까지 썼어. 최소한 에쿠스는 사준다고 과학 선생님한테. 지가 무슨 연애편지야? 〈비공개〉 근데 애가 왼손잡이인데요, 글씨도 잘 써요. 글씨도 잘 써가지고 교감선생님인가? 30번을 상을 탔대.

면담자   글씨 써서?

근형 아빠   응응. 이쁘게 잘 썼다고. 글씨도 여자만큼 이쁘게 잘 써요, 애가. 수업 태도가 좋은 거지. 자꾸 글씨를 써가지고, 그렇게 잘 쓰고.

면담자   그리고 노래도 잘하지 않았나요?

근형 아빠   보컬부니까, 노래.

면담자   그래요, 보컬부였잖아요.

근형 아빠   노래 잘했지. 〈비공개〉

5

아이와 가장 기억에 남는 일

면담자　　근형이와 관련해 가장 기억에 남는 일이 있으신가요?

근형 아빠　　〈비공개〉 부산 빠세코? 박세코? (면담자 : 벡스코?) 벡스코구나. 거기 행사하는 데 갔어. 현빈도 나오고, 그 뭐지 신? 여자 코미디언 노래 잘하는 애. (면담자 : 신보라) 신보라 걔도 나오고 그러더라고. 그 거기 가서 행사, 근형이랑 같이 간 거여. 같이 가서 행사 다 끝나고 관광버스로 올라오잖아요, 거기서 노래를 근형이가 하더라고. 그래서 '응? 쟤가 노래를 한다고?' 노래를 신청한 거여. 그 '거위의 꿈' 그 어려운 걸 거기서 부르더라고. 그때 찍어놨어야 되는 건데 그걸 못 찍은 거야. 그거 가족 마지막 여행이거든, 가족 여행 그 마지막 여행 찍어놨어야 되는 건데 못 찍어놓은 게 한이에요. 그 '거위의 꿈'을 거기서 부르더라고. (핸드폰에서 영상을 찾으며) 그래서 지금 여기서도 '거위의 꿈' 그게 어따 짱박아 놨는지 몰라도. 〈비공개〉 (한숨) 근데 그 어려운 노래를 그렇게 잘 부르더라고. '어, 저놈 봐라? 보컬부 들어가더니 저런 것도 다 하는구나' 했지. '아, 노래를 좋아하긴 하는구나' 거기서 느꼈어요. '노래를 하러 간다면 보내줘야 되겠군' 그런 걸 느꼈다니까. 근데 뭘, 가버린 걸, 아빠도 못 보고….

　　나는 이제 출근해서 어떻게 애들이 공부를 하고, "공부를 하고 나서 수학여행을 간다"고 그래. "희한하다. 아침부터 가지, 뭔 수학

여행을 공부하고 나서 가냐? 그런 게 어디 있어? 왜 그래? 그러고
왜 비행기 타고 가지 않고 배를 타고 가냐?" 내가 그랬거든. 내가
그랬어요, 배를 왜 타고 가지? 다 이유가 있는 거예요, 보면 선생들
은 돈을 안 내거든, 돈을 안 내요. 거기서 이렇게 해가지고 다 애들
학생들이 부담이 되는 거예요. 그러니 줄여가지고 배를 타고 간 거
야. 그거는 관행이고 어쩔 수 없는 일이지만은 그래도 돈을 더 내
더라도 배를 안 타고 비행기를 타고 갔으면은 좋았지 않나…. 비행
기 타는 것도 추억이고 그런데 그것도 여행이지 않냐. 그러고 싶은
데도 애들은 배도 좋을 거 같으니까 지들이 찬성했겠지. 사고 났는
데 지금이야 돌이킬 수 없는 일이지만은 안타까운 일이지요.

6

4·16 이전 아이 장래에 대한 바람 등

면담자   근형이가 자라나면서 어떤 사람이 되었으면 좋겠는
지 생각해 보셨어요?

근형 아빠   그렇죠, 생각해 봤죠. 지가 하고 싶은 건 다 도와주
고 싶었어요, 나는, 지가 할 수 있는 거는. 그래서 태권도학원도 댕
겨보고 보습학원도 댕기고 막 그랬어요. 중학교 때도 막 하고 과학
거기도 간다 그러고[면] 보내주고. "야, 러시아도 보내줄까?"

면담자   우주하고 관련해서요?

근형 아빠   응, "너 거기 우주선에 타볼까?" 막 그랬어요, 내가 "거기 인마 교육비도 쌀 거야, 러시아는. 보내줘?" 그랬더니 아직 안 가고 싶대. "이다음에 봐라, 우리 대한민국도 우주로 날라가는 그런 걸 만들 텐데 너 거기서 일익을 담당해야 되지 않겠냐? 과학이면은 밀어줄게, 너 당장 하버드대 가고 싶냐? 내가 지금 당장이라도 보내 준다. 시시하게 안 보내줘. 너 서울대 아빠 돈 없다고 어쩌고 할 필요가 없는 거여. 나는 하버드대까지 보내줄 수 있는 사람이니까 얘기만 해, 지금 당장 보내줄게. 니가 공부 거기 안 딸리겠냐? 열심히 해야 돼. 그럼 내가 지금이라도 하버드대 보내주겠다" [그랬는데] 자기 딴에는 아빠 생각을 해가지고 서울시립대 거기를.

면담자   등록금이 싸서요?

근형 아빠   응, 거기를 장학금 타서 가야겠대, 그것도 "야, 시립대가 아니라 서울대 가도 돼. 돈에 관해서는 아빠가 문제지 니가 걱정할 문제는 아냐. 너는 공부만 열심히 하면 그게 아빠를 도와주는 거지, 니가 어떻게 아빠를. 월권이야 이놈아, 그거는 너 월권이라고. 왜 아빠 일을 니가 걱정을 해? 그럴 필요는 없다고 생각하는데, 아빠는. 너 자꾸 그렇게 하면 아빠 삐질 수도 있어, 응? 월권이 인마 얼마나 큰 죄인 줄 아냐?" 그랬더니 알았대. "아빠만 믿고 열심히만, 니가 하고 싶은 거는 최대한 해. 걱정하지 말고 그 돈이나 여러 가지 재력에 대해서는 아빠가 문제지 니가 걱정할 문제가 아냐. 어찌라도 해줄 테니까 필요한 건 다 얘기를 하고" 그랬지, 그렇게 얘기했지. 그랬더니 "오케이". 그래도 이놈이 여자들은 많이 따랐어요, 초등학교 때서부터. 그리고 뭐 "친구 만나고 올게요" 그러면 밑에 여자들이 와 있는 거야. 그리고 우유 통 있잖아요? 거기 초등학교 때서부터 팬레터? 그런 게 와 있었어, 초등학교. 〈비공개〉 초등학교 때는 또 귀여웠어요. 중학교, 고등학교 되니까 좀 잘생긴 편으로 돌아가지만은.

면담자　　　노래도 잘하고요?

근형 아빠　　응, 노래도 잘하고 인기도 있고. 그런데 여자들한테 목도리 선물도 받고 막 그러더라고, 커서는 "잠깐 나갔다 올게" 그러더니 목도리 선물 받아갖고 오고, 쪼꼬렛[초콜릿] 받아오고 막 그러더라고. 〈비공개〉

면담자　　　기억교실에 근형이 책상에 남겨진 쪽지들이 많더라고요.

근형 아빠　　근데 편지가 거기 있는 거밖에 아니에요[거기만 있는 게 아니에요]. 저기 서호에 이만큼 갖다 놨어요. 엄청 많이 갖다 놨어요, 서호추모공원에. 근형이 보라고 누가 갖다 놨는지 몰라도 엄청 많이 갖다 놨어요. 그냥 이게 그냥 하나야, 그래서 내가 다 주렁주렁 갖다가 몇 개 지금은 없을 거예요, 거의. 그럼 뭐 할 거야, 부질없는 거. 왜 못해줬을까 그런 생각도 들고 허전해요. 할 얘기는 많은데 말문은 막히고. 근형이 마지막 [사진은] 여기 대부도 휴게소 가서 찍었어, 사진도 잘 안 찍을라 그래 요놈이.

면담자　　　아, 그래요?

근형 아빠   예, 컸다고 사진 안 찍을라 그러고, 도통 찍을라고 생각을 안 해요, 왜 그런지 몰라도.

면담자   잘생긴 얼굴 좀 많이 남겨놨으면 더 좋았을 텐데.

근형 아빠   그러게. (핸드폰의 사진을 찾으며) 아이구, 아빠가 활동한 게 더 많다, 짜샤. (핸드폰의 사진을 보여주며) 엄청 잘 놀러 댕겼어요. 봐봐요, 여기 엄청 잘 놀러 댕겼다고. 내가 애들 데리고, 봐봐, 근형이에요. 〈비공개〉 엄청 많이 댕겼어요. 막내를 위해서, 근형이 놈을 위해서 엄청 많이 댕겼고 〈비공개〉 근형이… (사진을 계속 넘기며) 아이고, 이놈의 사진이 돌아댕긴 게, 도보 [행진] 해가지고 나는 처음서부터 끝까지 차를 안 탔어요, 근데 다른 사람은 탔어요. (사진 보며) 어렸을 때 사진이 남았어, 대통령 생까는 거 보면.

면담자   광화문에서요?

근형 아빠   아니, 국회. (핸드폰 사진을 보여주며) 이게 마지막 사진이에요. 근형이 이게 배에서, 배에 있는 사진이에요. 배에서 인제 밥 처먹고 저기로 가는 거, 그러니까 나올 때는[수습 당시] 저 사진이, 저 옷을 안 입고 나왔어. 저 옷을 안 입고 다른 옷을 입고 나온 거야, 이 시끼가. 이게 마지막 여행이야, 이게 사진 안 찍을라 요러고 있어, 요놈이. (다음 사진을 보여주며) 몰래 찍은 거야, 내가 지금, 이거 봐 찍혔다. 친구들하고 여기 봐, 바람이 엄청 불어갖고.

면담자   스타일이 좋은데요?

근형 아빠   키도 컸어요. 178[센티미터], 더 클 건데. 큰아들이

182인가 3인가 해요. 더 클 거지, 원래 동생이 더 커요. 원래 나도 내 동생이 더 커, 동생이 다 뺏어 먹어서.

면담자　　　꼭 오늘 아니더라도 좀 생각나시면 또 말씀해 주셔도 돼요.

근형 아빠　　줄여서 얘기한 건데, 뭐.

면담자　　　저희 2차, 3차 때도 할 거니까요.

근형 아빠　　언제 정도 해요? 나 동거차도 가는데.

면담자　　　질문이 더 남아 있어요.

근형 아빠　　그래요? 빨리해요.

7
4·16 이전 세상, 정치에 대한 생각

면담자　　　4·16 이전에는 세상 돌아가는 이야기는 어떻게 접하셨어요?

근형 아빠　　TV.

면담자　　　TV요?

근형 아빠　　예, TV로 많이 접하고 핸드폰 있으니까 핸드폰도 많이 접하고 신문 같은 거 잘 안 봤어요, 시간이 없으니까 TV로 접하고. 근데 요새는 TV도 못 믿는단 말이여, TV도 못 믿어. 저번에는 한번 우리 집 옆에 어린이집이 있었어요. 어린이집에서 사건이 난 거야. 근데 선생님이 애를 구타한다, 폭행한다, 폭행이라 그러나? 뭐라 그러나? 그런 사건이 일어났는데 MBC 방송국이 딱 온 거여. 방송국 자체가 온 게 아니고 카메라가 MBC 방송 카메라야, 차도 MBC 거고, 찍어 간 거야. 거기서 사건 났다고 와서 기자가 와서 찍어 갔는데 집 옆이니까, 바로 집 옆이야. 내가 물어봤어 "이거 언제 뉴스에 나와요?" 그랬더니 8시 뉴스에 나온대. 8시 뉴스 하잖아 MBC. 그래서 "아, 그래요?" 그러고 그날 저녁에 KBS 7시 뉴스도 하잖아요, 일찍 그 뉴스를 봤는데 그게 나오는 거야. MBC에서 찍어 갔는데 KBS에서 나오는 거야. 공유하는구나, 공유하는 거야. 같이 한곳에서 찍어 가면 이 방송도 나오고 저 방송도 나올 수 있다는 얘기예요. 그러니까 다 잡고 있다는 얘기지, 언론을 장악하고 있다는 얘기예요. 그러니까 당할 수가 없는 거야, 우리는 이길 수가 없어요. 그래도 해야 돼, 역사적으로 남아야 되니까. 무서운 세상이구나, 박 대통령이 박근혜가.

면담자　　그럼 오늘 구술은요?

근형 아빠　　아니, 이런 거는 잘하는 거예요. 왜냐? 너무 잘하는 거예요. 그러니 이길 수 없는 거지요, 우리가. 그지요?

면담자　　그래서 저희가 구술을 하는 거지요.

근형 아빠　　그죠? 그래서 와서 하는 거예요, 내가 이길 수 없으니까 기록에 남겨야지. 그래서 후세에 더 나은 세상에서 이거를 밝혀야 되니까 이렇게 와서 내가 떠드는 거고. 역사에 남아야 되지 않을까 생각해서 떠드는 것이고. 더 밝은 세상이 하루빨리 나 살아 있을 때 왔으면 좋겠다는 뜻이지. 우리 근형이가 억울하게 간, 나는 근형이랑, 아, 이런 얘기는 아직 할 때가 아닌데, 통화를 했어요, 아침에. (면담자 : 네, 9시에) 어떻게 알지? 비밀인데.

면담자   제가 다 아버님 뵙기 전에 조사하고 왔죠.

근형 아빠   조사하고 나왔구만, 무서워, 무서워. 그러니까 [그 얘기는] 지금 할 때가 아닌 거 같고.

면담자   다른 질문 제가 드릴게요. 4·16 이전에 투표나 이런 거는 잘하시는 편이셨어요?

근형 아빠   전혀, 시간이 없어서 안 돼.

면담자   시간이 맞지 않으셔서 못 하셨나요?

근형 아빠   그러죠, 교대근무. 시간이 안 돼서 못 했고, 하고 싶어도 못 했어, 피곤해서 못 했어. 왜냐? 나보다 나은 놈이 없어, 그래서 안 했어. 나 같은 놈이 없으니까 안 한 거예요, 나는. 올바른 사람이 없다는 얘기예요, 이 세상, 그래서 애들이 죽은 거야. 올바른 사람이 없기 때문에 억울하게, 그것도 구할 수 있는데도 안 구하고…. 이거를 삶에 대해서 이야기한 것도 다 거기에 다 기록에 남는 건가?

면담자   비공개 처리하실 수도 있어요.

근형 아빠   그러게. 너무 적나라하게 이야기하면 또 이 사람이
너무. 〈비공개〉

8
마무리 및 2차 구술 안내

면담자   오늘은 이만 구술을 마치도록 하겠습니다. 다음은
4월 16일부터 진도하고 팽목항에서 있었던 일들에 대해서 여쭤보
겠습니다.

근형 아빠   그때 할 얘기 많지.

면담자   메모 같은 거 해오셔서 말씀해 주셔도 좋습니다.

근형 아빠   그래요?

면담자   그러면 잘 촬영해서 기록으로 남기겠습니다.

근형 아빠   예, 고생했어요.

2회차

2016년 3월 3일

1
시작 인사말

면담자   본 구술증언은 4·16 사건에 대한 참여자들의 경험과 기억을 기록으로 남김으로써 이후 진상 규명 및 역사 기술에 기여하고자 합니다. 지금부터 이필윤 씨의 증언을 시작하겠습니다. 오늘은 2016년 3월 3일이며, 장소는 안산시 단원구 글로벌다문화센터입니다. 면담자는 정수아이며, 촬영자는 김솔입니다.

2
교실 존치 문제 및 트라우마

면담자   오늘이 참사 687일째더라구요. 곧 2주기가 되네요. (근형 아빠 : 예, 2년 되죠) 여러 가지 일도 있고.

근형 아빠   아, 너무 많아요. 2주기 너무 많아 가지고.

면담자   교실 존치 문제도 2주기까지는 어떻게든 해결해 내라고 그랬다고.

근형 아빠   결론이 나긴 날 거에요, 우리가 어저께 당직 서면서 얘기를 나눴는데 그 교실 존치 문제 가지고 계속 지금 교육감이나 재학생 학부모나 우리 유가족이나 이렇게 합의를 하고 있어요. 계속 대화를 해야지 풀어지니까. 우리는 무조건 존치가 아니에요, 무조건 존치가 아니라고. 근데 그 재학생 부모들은 1, 2학년 뭐 자꾸 신입이 들어오잖아요. 그러니까 그 사람들은 "무조건 빼라. 여타 저타 하지 말고 빼라" 그러니 답이 안 나오잖아요. 그러면 답이 나오겠어요? 우리는 지킬라고 그러는데? 그런 상황이고, 요번 주 일요일 정도에는 뭔 결과가 나온다고 어제 얘기하더라고, 회의 갔던 사람들이 얘기하더라고.

면담자　　　2주기가 다가오니까 부모님들 마음이 더 아프시겠어요.

근형 아빠　　　나도 그래요, 나도. '이게 왜 마음이 아프지?' 근데 그게 아니더라고. 점점 심해지고 막 그러더라고요, 트라우마가 이게 장난이 아니에요. 우리 지금 반 우리 반 32명이 최고 많아요. 근데 그 사람들을 한 명씩 지금 만나보고 다녀요, 우리 반 대표가. 근데 만나면 울어요, 너무 힘들어서 못 나오는 거예요, 너무 힘들어서. '아, 저 사람들이 먹고살 만하니까 안 나오나 보다' 그게 아니었던 거예요. 너무 힘들고 가면 울고, 그래도 뭐 해달라 그러면, 위임장 써달라 그러면 써주고. 우리 반은 32명이 다 써줘요, 못 나왔던 게 미안해서. 힘들어서 못 나왔던 거라, 우리는 그렇게 생각을 안 했었죠. 개개인이 다 나와서 활동하는 사람들이 그렇게 생각을 안 했어요. '되게 힘들어서도 못 나올 거'라는 생각은 했죠, 한편으로는. 근데 대개가 그렇게 생각을 안 했죠. '아이고, 이렇게 활동을 많이 했는데 처음서부터 활동 안 했는 사람 뭐냐' 그렇게 생각을 했단 말이에요. 근데 만나러 댕기잖아요, 우리 대표가 가족분들하고 이렇게 몇몇 가족하고 만나러 댕기다가 보니까, 너무 힘들어서 못 나오는 거예요. 그러고 가족 [중에] 하나, 아들 하나였고 딸 하나였어요 [하나인 가정들이 있어요]. 우리 반은 아들이니까 아들 하나였었는데 잃어버렸으니까 대책이 없는 거예요, 이건 절망이 된 거죠. 그러니까 "뭘 나가서 활동을 하느냐" 너무 힘들어서 못 나오는 거라 이거예요. "야, 이거 우리가 너무 안이한 생각을 했구나" [했죠].

면담자   그런 대화가 부족한 것 같아요. 트라우마에 대한 심리치료가 지원이 되었어야 하는데.

근형 아빠   그래요, 트라우마. 나도 엄청 노력하는 놈이에요. 내가 트라우마 올까 봐 그런 게 아니고 몇몇 어머니들 있잖아요, 몇몇 어머님들이 활동을 했었어요, 초창기에. 만약 "광화문 가자" 그러면 어머님들 여덟 명이 이렇게 나하고 같이, 나는 남자래도 직업이 없으니까 나 혼자 활동하는 수밖에 없잖아요, 남자들은 다 직장 생활 하고 그러니까. 또 집에 있어서 안 나가는지 모르겠지만은 나는 잘 나왔어요. 그래 갖고 어머님들하고 활동을 계속했던 거예요. 그래 내가 이거 '어머니들이 이렇게 하다가 집에 그냥 앉아 있으면은 분명히 트라우마 올 것이다' 나는 그렇게 생각을 했어요. 그래 갖고 모임을 따로 가졌어요, 내가 회장. 그거 왜 그러냐[그건 왜 그랬냐 하면] 내가 나오라면 나오는 거야, 무조건 모이게. 활동을 안 해도 다음 날 또 힘들어할까 봐 또 나오라 그런 거예요, 나와서 딴 데 가서 커피라도 마시고. 근데 다른 가족하고 다른 일반인들하고 만나면 대화가 안 돼요, 근데 유가족은 대화가 되는 거야. 웃을 수도 있고 그러는 거야. 근데 다른 가족하고 이렇게 만나면, 그 사람이 내가 유가족인지 알아, 그러면 대화가 안 돼요. 친형제라도 대화가 안 돼요, 먹먹해. 그냥 너는 너, 나는 나야, 그게 너무 힘들더라고. 가족인데도 누나인데도 동생인데도 그게 안 돼요, 왜냐? 병으로 그냥 죽었으면은 그러려니 해요, 제 운명이구나. 그죠? 그냥 잊고 말잖아요. 같이 슬퍼하면서 잊으면 되잖아요, 응? 기일 날 챙겨주고 그러면 되잖아요. 근데 이거는 그게 아니잖아요, 너무 억울한 거잖아요. 살아 온다 그랬는데, 기다리라 그랬는데. 그래서 지금도 어머님들 많이 힘든 사람들 많아요, 대화를 하다 보면. 〈비공개〉

3
세월호 참사를 접한 경위

면담자   4월 16일에 사고가 났다는 걸 어떻게 알게 되셨나요?

근형 아빠   저는 일반인들하고 똑같이 자그마한 회사 다녔는데 24시간씩 근무를 해요. 하루는 집에 있고 하루는 회사에 있는 거야. 24시간이니까, 그러면 만약에 아침에 출근을 했어요. 그다음 날 아침에 퇴근하는 거잖아요 그죠? 아침에 출근을 해서, 나는 차 밀리는 거 싫어해, 아주 짜증 나. 짜증 나서 8시까지 가는 거예요, 출근을 8시까지 하는 거야. 5시에 일어나, 4시 50분에 시간을 맞춰 놨어요, 알람을 그래 갖고 4시 50분에 일어나서 10분 동안 준비해고 5시에 나가. 나가서는 회사 가서 자요, 밥 먹고. 그게 좋잖아, 더 쉬고. 난 밀리는 거 제일 싫어하는 놈이에요, 짜증 나고. 어디 가서 아무리 맛있어도 줄 서서 밥 먹는 거 싫어해. "저거 왜 저렇게 해? 빨리 먹고 빨리 딴 거 하지" 아무리 맛있어도, 근데 먹어보면 맛이 없어, 그것도. 그래 24시간씩 근무하는 거라 아침에 출근하면 5시 출근한다 그랬잖아요. 그럼 근형이도 못 보고 출근하는 거잖아요, 못 보고 출근하는 거야. 그날 저녁에 만약에 내가 있었는데 근형이가 야자하고 11시에 들어왔어, 그럼 아빠 또 못 봐. 나 자잖어, 잘 수도 있잖아요. 안 잤으면 보는 거고.

그래 [4월 15일] 아침에 못 보고 출근을 했어요, 근형이를 못 보고 출근을 했단 말이야. 근데 얘는 수학여행 간다 그래서 내가, 그때 당시에는 내가 담배도 끊고, [20]13년도에 끊었어요. 되게 힘들게 끊었어요, 〈비공개〉 이 사고를 나고 진도를 가서도 안 폈어요, 다른 사람은 성질나서 피더라고. 근데 나는 왜 안 폈냐? 싸울라고 안 핀 거야. 보니까 가관이더라고, 이거는 내가 쓰러져 가지고는 이길 수가 없는 거야. 그죠? 담배 펴가지고 건강이 안 좋아 가지고 내가 먼저 지면 안 될 거 같애, 그렇게 생각이 들은 거야 벌써 거기서. 그렇게 돌아댕기면서도 담배를 안 폈어요, 화딱지 나고 성질나도 담배는 안 폈어요, 절대 안 폈어요, 냄새도 안 맡았으니까. 의지가 강한 놈이라 한다면 하는 놈이에요, 내가 저질러놓고 그건 다 해요. 무조건 의지가 너무 강한 놈이라, 그래 가지고 담배는 끊고. 근형이는 나보러 그러는 거야 "아빠, 수학여행 가는데 공부를 하고 가야 된대" [그래서] "뭐 그런 게 있냐? 야, 공부를 무슨 하고 가? 그럼 가방 어떻게 하고, 책 저기는 어떻게 해? 웃은?", "다 짊어지고 가야 돼"(웃음). 뭐 그런 경우가, "너 그러고 왜 배를 타고 가냐? 왜 배 타고 가? 비행기로 가자 그래" 그렇게 얘기했어요, 내가. 〈비공개〉

아들을 못 보고 출근했었죠, 그다음 날 퇴근했잖아요. 퇴근하는데 나는 8시에 퇴근했으니까 8시 좀 넘었잖아요. 8시 넘었으니까 샤워를 하고 나오니까, 집에 빨리 오면 8시 반, 40분 정도 돼요. 샤워하고 딱 나오니까 MBC인가? 거기서 배가 기우뚱 이렇게 넘어가고 해서 "응? 저거 뭐냐?" 뉴스에 나오는 거예요. 애 엄마한테 "저거 근형이 탄 배 아니냐?"고 그랬더니, 뉴스를 보더니 문자를 주고받고 하는 거예요, 근형이랑. 근데 근형이가 엄마한테만 하는 거여. 나는 직장생활 하고 그러니까, 잘 대화를 안 하고 그러니까. 그래 근형이랑 문자를 주고받고, 빨리도, 여기 다 있어요, 핸드폰에. 그러니까 엄마가 전화를 한 거여. "배가 넘어간다"고 문자로 하니까 "야, 선생님 바꿔봐. 구명조끼 입었나?" 물어봤어. 나도 옆에서 얘기를 해주는 거야, "구명조끼 입었나 물어봐", "구명조끼 입었대", "그러면 선생님 바꿔봐" 했더니 선생님 지금 받을 형편이 못 된대. 그리고 "잠깐만 기다리세요" 그리고 끊어버리는 거야, 이놈이 그리고 그게 끝이야. 그리고 문자가 와, "살아서 돌아갈게요. 기다려요" 그거야. 그 전화할 때가 선장 놈 팬티만 입고 나올 때야.

면담자　　　9시 42분?

근형 아빠　　　42분인가 그때 전화를 통화를 했던 거야, 환장하는 거지. 선장 새끼 나올 때 똑똑 두들겨갖고 "나와" 그래도 그 바로 밑에 있었는데. 선장 나올 때 전화까지 했었잖아요. 그러니까 얼마나 성질나는 거예요, 그거 생각을 해봐요, 성질나는 거지. 그 잠깐만 기다려봐라 이래도 전화를 계속해야 될 거 아냐, 전화를 안 받는 거야. 전화를 놓쳤는지 어쨌는지 신호는 가는데 안 받아, 환장하는…. 그래서 테레비 보니까 "전원 구조"가 나온 거야.

면담자　　　　오보가 나왔었죠?

근형 아빠　　　　예. "전원 구조"가 나온 거야, 그래서 집사람하고 하이 파이브 한 거여, 거기서요. 그러고 옷을 주섬주섬 다시 입는 거여, 외출할 걸로. "가자, 학교 가보자" 그래 학교 가니까, 와! 놀래 놀래. 진짜 그렇게 놀랜 거 처음 봤어요. 언론사에서 촬영 기자들이 그 많은 삼발이, 카메라, 그 밑에서부터 저까지 쫙 있는 거야. 그래서 "와, 대한민국 기자들 여기 다 왔나 보다" 나보다 더 빠른 거야. 그잖아요? 단원고등학교 입구서부터 좌악 서 있는 거야, 삼발이가 전부. 외국 기자들 뭐 할 거 없이 가보니까, 학교 가보니까 나한테 들어오는 정보가 없는 거여. 누구한테 얘기할 거 없고 벌써 학부모들 떠났대 버스 타고, 버스 네 대로. 그 우리는 뭐야, "전원 구조" 그거 보고, 다시 오보다 하고 그거 보고 온 거거든? 오보라는 거 때문에 학교 온 거예요. 학교 왔더니 완전히 난리가 지금. '야, 이 사람들 진짜 너무 빠르다'.

4

진도에서의 사찰당한 경험

근형 아빠　　그잖아요, 우리도 엄청 빨리 온 거라고 생각한 건데 유가족, 아니 실종자 가족들 벌써 타고 간 거여. 학생들, 학부모들은 버스 타고 간 거여. 그래 우리도 차 타고 가자, 내 차 타고 가자. 근데 집사람은 멀미를 하니까, 운전 안 하면 멀미 나는 거야. 나는 뒤에 타고 집사람이 운전하고 간 거예요, 진도까지 4시간 만에. 우리가 먼저 도착한 거야, 버스보다. 학교 갔더니 아니, 그 진도체육관 갔더니 체육관에 바닥에다 뭐 이렇게 깔아놓고, 애들이 모포 쓰고 이렇게 있어. 구한 애들이에요, 그 애들이[에게] "야, 근형이 못 봤냐?" 그랬더니 "어, 봤어요" 그러는 거야. "그럼 어디 있냐?" 그랬더니 "어? 구했을 거예요" 그러는 거여, 어떤 놈이. "너, 근형이 아냐?", "네, 알아요", "어디 있냐?" 그랬더니 "어디 나왔을 건데요?" 자기도 모르는 거야.

면담자　　그냥 다 나왔을 거라는 믿음이 있었군요?

근형 아빠　　어어. '뒤따라서 나올 거다' 이렇게 생각하고 얘기한 거 같애 보니까. 그러면 "야, 어디 가면 나오는 데냐?" 이랬더니 "팽목항인가 거기서 나올 거예요, 배 타고" 그래. 또 "섬에 갔을 거예요" 그러더라고. 그거 또 안심이 되는 거여, 섬에 또 간 사람이 있었는가 봐. 그래서 "그럼 기다려볼까?" 그랬더니 차트 한 장 봤어요. 그랬더니 근형이 없더라고, 생존자 거기에 차트 보니까 없더라고. 난리도 아니에요, 근데 그 안에 보니까 벌써 정보과 애들이 숨어 있는 거야. '왜 숨어 있어, 거기에?' 난 이상한 거예요, 그게. 난 보면 알아요, 정보과는 이렇게 딱 보면 '저놈들은 왜 와서 있지? 어? 저기도 있네' 보면 알아요. 나는 눈치가 빠른 놈이에요, 정보과 애들 '왜 와서 쟤들은 저렇게 하고 있지?' 아니나 달러[달라] 다 벌써 유가족들 동태 파악을 하는 거예요. 세상에 너무 무서운 거야, 그렇게 생각하니까.

면담자   그러게요, 사건 파악이 되기도 전에.

근형 아빠   예, 너무 무서운 거야, 내가 생각해도. 그래서 그 차트 보고 어쩔 수 없다 해서 체육관에 차 세워놓고, 우리 차 세워놓고 "버스가 글로 간다니까 그 버스 타고 가자". 버스 타고 팽목항에 갔어요, 첫날에 갔더니 물이 잔잔해, 아주 그냥 요만큼도 펄럭이질 않아요. 너무 잔잔한 거야, 거기 팽목항 물은. 먼 바다는 모르겠지만은 거기는 너무 잔잔해 갖고 그냥 호수야, 호수. 조용하고 바람도 안 불고 "야, 그럼 이거 작업하기 좋겠다. 엄청 좋겠다" 여기 이렇게 잔잔한데 아무리 멀어도 요거보다 조금 더 하겠지. 그잖아요? 너무 잔잔한 거야, 호수야, 그냥 잔잔해. 양탄자 깔아놓은 거마냥 잔잔한 거야. "이야, 뭐 이렇게 조용하냐, 큰 사고 나는 전초전마냥" 근데 춥기는 오라지게 춥대, 모포 하나씩 주는데 모포 뒤집어 쓰고 있는 거야, 거기서 3일 있었어요, 3일. 근데 하는 게 없어, 달달 떨기만 해. 그 책임자들하고 싸움이나, 소리나 질러가면서. "뭐 하는 거냐고. 빨리 가서 구하지 않고? 누가 책임자냐? 책임자를 나와라, 책임자를 나와라" 이게 중구난방이야. 그잖아요? 우리가 답답하니까 책임자를 빨리 나와서 진두지휘해라 이건데, 이게 없는 거야. (면담자 : 체계도 없고) 체계도 없고. "니가 더 높냐, 내가 높냐, 니 책임이냐 내 책임이냐" 고거야.

면담자   지휘상황실에 계셨나요?

근형 아빠   아니, 그렇게는 얘기는 안 해도, 보니까 그 상황이야. 그냥 "니가 책임을 지고 해라" 서로 떠넘기는 그 상황인 거 같애. 보니까 환장하는 거야, 우리 유가족, [그때는] 실종자 가족이었었지. 너무 힘든 거야, 말을 해도 대답이 없는 거니까. 그잖아요? 구해달라고 아우성을 치는데도 대답이 없는 거예요, 답이 없는 거야. 어떤 놈이 가서 나서서 하는 놈이 없는 거예요. 그러니까 우리는 어떻게 해야 되겠어요? 그럼 어떡해, 높은 사람 생각을 해야 되잖아요. [4월 19일 야간에] 대통령한테 갔잖아, 우리 실종자 가족이 "그럼 우리 대통령 만나러 가겠다" 근데 그걸 왜 막어? 이유가 없잖아. 우리가 가서 대통령을 때려잡을 거여, 어떻게 할 거여? 얘기하겠다는데 왜 막냐고, 막을 이유가 없는 거잖아요. 근데 딱 막는 거여. 근데 그 안에서도 정보과 애들이 있는 거야. 내가 봐, 또 있는 거야. 늘 감시하고 엄마부대인지 연합부대인지 그 애들, 그 아줌마들도 있는 거야, 할머니들. 어떤 사람이 핸드폰 보면서 산으로 올라가는 앞에서 막고 있고 우리는 밀고 들어갈라 그러고. 그 상황에서 쇼를 하는 거여, 어떤 아줌마가 핸드폰 보면서 "어? 배에서 메시지 왔어! 카톡 왔어!" 그 쇼를 하는 거야. 그잖아요? 그러면 어? 그럴 거 아니에요? 그 많은 사람 앞에서 소리 지르니까.

그 소리를 내가 거기 진도대교 막 경찰하고 대치하고 있을 때 그걸 본 거야, 내가 그래서 '야, 이거 참 너무 무서워'. 영화 찍는 거 잖아요. 그 사람이 그렇게 하고 막 뛰어가 "카톡 왔다!" 막 "살아 있어!" 그러면서 "어, 우리 딸 살아 있어!" 둘이 그러는 거야. 두 아줌마가 그러면서 이러고 가[는데] 없어졌어. 그리고 그거를 이렇게 지켜보는 요놈들이 몇 명 있는 거여, 내 눈에 보이는 거야. 나는 하면서 보니까 환장하겠대. 너무 '야, 이건 이길 수가 없겠구나. 이길 수가 없겠구나' 그 생각이 드는 거예요. 다른 사람은 그렇게 알런지 모르겠지만은, 정보과 애들이 있는지 아는지 모르겠지만은 나는 그거 알아버린 거야. 그 진도체육관에서도 그놈들이 있었고, 진도대교 가면서도 그런 일이 있었고. 너무 무서운 거야, 완전 영화 찍는 거잖아요, 그거 완전히. 너무 무서운 거야 '야, 이거 우리가, 내가 완전 계란이네, 바위[에] 계란 치는 거네'. '야, 이거. 그래도 해야 되겠다'.

5
진도체육관의 상황

근형 아빠　　　　그래 2시인가 3시인가 왔어, 나는 체육관으로 왔어. 그 진도체육관[에서] 진도대교[로] 갔다가 그 상황을 보고 온 거야. '야, 몸 추스르고 끝까지 가야 되겠다' 왔어, 와가지고는 우리 조카

도 와 있었거든, 우리 조카, 누나 아들 와서 같이 힘들어해 주고. 걔
는 2층에 관중석에 거기에서 기거하고 있었고, 우리 여기 오지를
않어. 내가 오라 그러면 오고, 그리고 돌아댕기면서 정보를 얻는
거야, 그놈 정보를. "삼촌, 너무 나대지 마 힘들어. 삼촌 쓰러져, 안
돼" 조정을 해주더라고, 이놈이 조정을 해주는 거야. "삼촌 쓰러지
니까 너무 나대지 말고 중간만 해. 거기 가지 마, 어디 가지 마" 이
러는 거여. "왜?" [그러면] "내가 알아봤는데 그거 아니래" 그러는 거
야, 사실이 아닌 거를 자꾸 퍼트리는 거야, 누가. 그러니까 너무 그
것도…. 그리고 저녁 8시인가 9시 정도에 늦게 와서 브리핑을 해
요, 정홍원 국무총리나 아니면 그 밑에 놈이 나와서 브리핑을 해
요. 우리 진도체육관에 와서, 아니면 강당에 와서 하든가 아니면
저 사무실, 상황실에 가서 하든가 해요, 브리핑을. 그러면 가서 봐,
그럼 뭐 집고 있다가 던져버려, 그냥. 열받잖아요, 해주지도 않고
진짜 열받더라고.

그러니 하루 이틀 가니까 애들이 나오잖아요. 나오는데 우리
아들, 나는 모르잖아요. 뭘 입고 갔는지 모르고, 교복을 입었는지
아니면 사복을 입었는지 몰라. 나는 모르잖아, 못 봤으니까. 집사
람은 알지. 집사람은 팬티도 인터넷으로 구해줬어요, 그거 보고 알
은 거예요. 근형이를 찾은 거야, 같이 골랐으니까 근형이랑 인터넷
보고. 그게 하루하루 애들이 나오니까 그거 또 가봐야 돼. 시신을
봐요, 내가 궁금하잖아요. 내 아들인지도 모르잖아, 그때는 DNA
검사를 안 했어요, 얼굴 낯짝을 봐야 되는 거야. 그래서 시신만 나

오면 가서 봐야 되는 거야, 나는 궁금하니까. 그잖아요, 내 아들 찾아야 되잖아. 긴가민가하면 그냥 가는 거야, 무조건. 인상착의 보고 '야, 저거 수상하다' 하면 뛰어가 보는 거야, 그러면 아니야. 그때 당시는 사진으로도 전송을 해줬어, 팽목항에 있는 시신을 찍어가지고.

면담자   진도체육관에서 아이가 올라오면 화면에 띄웠나요?

근형 아빠   화면에 안 띄워요, 그거는 띄우지 않고 옆에다 이렇게 천막 쳐놓고 거기다 컴퓨터 해놓고 상황실을 만들어놓은 거여. 볼 수 있게 화면을 그래 갖고 긴가민가한 사람 와서 보라고. 그렇게 해가지고 거기 가서 보는 거야, 맨날. 그래야 맨날 보지 팽목항 왔다 갔다 할 수 없잖아, 맨 처음에는 왔다 갔다 했어요. 한참 걸리잖아요. 그래서 진도체육관에서 왔다 갔다 하다가 결국은 안 돼서 그렇게 준비해 놨길래 거기 가서 봤어. 이렇게 보니까 [수습된] 애들[은] 자는 거 같애. 아주 맑아, 그냥 조용해. 깨끗해, 너무 깨끗한 거여. 그냥 자는 거야, 편안히. "야, 얘는 자네?" 죽은 거 같지가 않아 너무 깨끗한 거야. "아휴, 또 아니네". 맨 처음에 3일은 내 자식이 아니기를 바랬어요. 3일 정도는 내 자식이 아니기를 바랬어, 좀 있다가 구해서 나온 게 우리 자식, 살아서 나오는 게 우리 자식이길 바랜 거지. 그리고 3일, 4일 지나니까 내 자식이 빨리 나왔으면 하는 거야, 반대로. 그잖아요, 빨리 나왔으면…. 못 찾으면 어떡하나. 사람이 그렇게 간사한 거예요, 살아서 왔으믄 하다가 5일, 6일 되니 그게 아닌 거야, 빨리 나왔으믄. 미치는 거여, 완전히. 지옥이 따로 없는 거야, 내가 뭘 잘못을 했는데 내가 잘못한 게 뭐 있나 이 나라에다가? 세금 착실히 잘 걷어가더니만 왜 나한테 이러지?

그래 팽목항 가서 시신을 보다가 진짜 너무 억울한 거예요, 그냥 너무 억울하고 억울한 거야, 또 억울한 거야 아무리 생각해도 이거는 인간으로서 겪어서는 안 되는 일이야. 애들이 너무 깨끗한 거야, 그래 하루 이틀 지나고 잠을 못 자잖아요. 잠이 오겠어요, 잠이? 어떻게 하겠어요, 밤에? 그 진도체육관을 뺑뺑 미친놈마냥 도는 거야, 담배도 안 피잖아요. 새벽에 4시 정도에 그 교감선생님 죽은 데 거기를 다 올라간 거야, 나도 운동 삼아서. 내가 체력을 키워서 니들 작살을 내겠다, 내가 가만 안 있겠다. 내가 이렇게 쓰러져서 안 돼, 체력을 키워야 돼. 내가 가만 안 있겠어, 안 있으면 어떻게 할 거여 힘이 없는데 뾰족한 수가 없는데, 그게 슬픈 거야, 그게. 미친놈마냥 그 진도체육관을 하루에도 12바퀴를 더 도는 거야 밤에 그것도. 다른 사람은 돌지도 않더라고, 도는 놈이 없어(한숨).

그렇게 하다 보니까 생활용품이, 생활필수품이 있잖아요. 면도기라든가 아니면 수건이라든가 그런 거 안 챙겨 왔잖아요, 우리가. 나는 우리 애 옷 싸가지고 올라… 그런 거예요, 입혀가지고 갈라고 젖었을까 봐. 근데 이게 그게 [상황이] 아니잖아요, 그게 아닌 거야 이게. '야, 어디 아디다스 옷 사가지고, 추리닝 하나 사가지고 가야지?' 그게 어디 있어? 빨리 가서 빨리 그냥 무조건 데리고 오고 싶은 거야, 그래서 4시간 만에 간 거야 그냥 진도를.

그렇게 며칠 지나고 일주일 지나고 이제 너무 힘든 거야. 너무 지옥이 따로 없고 샤워도 해야 되는데 뜨신 물도 없고, 나중에는 만들었지만은. 그 물품도 받으러 오라는 거야 우리보러, 갖다주는 게 아냐. 아니, 그 약삭빠르고 정신 똑바른 사람들은 제일 [먼제] 가서 다 타갖고 온 거야. 우리는 그냥 주믄 받고 안 주믄 말고 그거야, 그냥 가만히. 가기는 마음이 아파 죽겠는데 뭐 가서 싹 닦겠다고 응? 그 줄 서서 받고 그러냐고…. 그건 아니잖어, 그건 뭔가 잘못된 거잖어, 우리한테 갖다줘야지. 그걸 뭐 줄 서서까지 가서 자식 잃었는데 "와서 받아가세요" 그거는 아니잖아. 그래서 '야, 인간이 진짜 너무 심하다, 심해' 그럼 어쩔 수 없이 가면은 없어. 벌써 다 가져가고 그러다 보니까 남 다 탄 것도 없고 그런 거야, 우리는 (한숨을 내쉬며) 줄 서기도 싫고. 내가 그랬잖아, 줄 서는 거 싫다고. "아, 저기, 저거는 아닌데" 저기 쭉 서 있더라고. "저거 뭐야, 뭐 때문에 서 있지?", "방송했대, 뭐 가지러 오라고" 그러다가 어떻게 사람 알게 됐어요. 고훈 면대장, 그러니까 군인 중대장이지, 옛날 예비군 중대장. 그걸 알게 된 거야, 우리 집 밑에 사는 아줌마 친구분이야 그분이. 그래 갖고 그 아줌마가 얘기를 한 거여.

근데 그 사람이 뭘 하나, 보급품 담당이야. 보급품 담당 대장이야, 마침. 그 챙겨놨다가 오라 그래 갖고, 나보러 오라 그래 갖고 저녁에 주는 거야. 남들 못 챙긴 거, 남들 다 가져갔던 거를 나중에 나보러 가지러 오라 그래 갖고 주는 거야, 갖다주지는 않지. 그래도 그게 어디야? 남들 다 타간 거니까, 나중에. (한숨을 내쉬며) 그런 것도 다 스트레스라, 스트레스예요. "내가 그걸 왜 가지러 가야 되

냐"고 그러더니 그 나눠주는 실장도 알게 된 거야. "근형이 아빠"래
니까 그 면대장이 무조건 챙겨주라고 지시를 한 거야, "달라 그러
면 주라"고. 뭐 달랠 게 있어? 그래 갖고 보면은 다 있어요. 이렇게
길바닥에 댕기다 보면 다 늘어놨어, 필요한 거 가져가라고. 수건이
고 칫솔이고 치약이고 다 바닥에 있는데 필요하면 갖다 쓰면 되는
거야.

　　왔다 갔다 하면서 돌다가 그래 하루 이틀 되니까 이 사람이 빠
져나가면 지옥인 거야. 그게 지옥인 거야, 다른 게 지옥이 아니라
옆에서 같이 있던 사람이 빠져나가면 '와, 우리 애는 언제 나오나,
이놈 뭐 어떻게 돼서 안 오나' 팽목항 가보는 거야, 미친 척하고 버
스 타고 아침에 가서 오후에 나오는⋯. 진도체육관에 오는 거야,
그렇게 또 계속하는 거여, 미친놈마냥 하루에 한 번씩 하는 거여.
가서 남의 애들 쳐다보고 그러면 막 까무러치는 사람도 있고. 맨
처음에는 DNA가 안 돼가지고 사람이 바뀌고. 니 아들, 내 아들 찾
고 그러는 거야. 우리 반에 그런 사람이 있었던 거야, 이진형이하
고 심장영이랑 바뀌었다고. 바뀌고 그것도 스트레스지. 그거 목
포⋯. 그래도 빨리 나온 애들 [중에] 바뀐 거야, 빨리 나온 애들. 우
리는 DNA 검사를 했기 때문에 바뀔 일은 없지. 그래 갖고 그렇게
하고 있는데.

6
진도 현장을 찾아온 사람들

근형 아빠　　국회의원들도 오고, 어떤 사람이 라면 먹다가 찍혀 가지고 혼나고, 어떤 사람은…. 안철수도 왔어요, 안철수도 왔는데 몇 명이 없어, 체육관에 몇 명 없어요. 숫자를 세어도 세어져, 그 정도밖에 없어. 근데 앞에서 초입에서 안철수가 사진 툭툭 찍고 그냥 휙 나가는 거야, 여기 사람 있는데도. 그건 아니잖아, "팽목항에서도 와서 사진 찍느냐"고 혼나고 가고 진도체육관에서도 와서 사진 찍고. 그 여기 사람 있으면 여기 와서도 위로해 주고 가야 되는 게 맞는 거잖아, 그 앞에서만 사진 픽픽픽픽 찍고 휙 가더라고. "야, 저놈들은 저 뭐 하러 왔지?" 숫제 와서 라면 먹는 사람이 더 나은 거여. 그잖아요? 현실적이잖아, 배고프니까 먹을 수 있는 거잖아, 근데 유가족 앞에서 그건 아니잖어. 배고팠으니까 먹을 수 있는 거야, 먹는 거는. 근데 와서 사진 찍어가는 그놈은 뭐야? 환장하겠대, 그래서 욕바가지로 했어요, 내가. "아, 저놈은 아닌 거 같다, 저거" 아니 여기 와서도 위로를 해줘야지 이쪽 사람 있잖아요. 그게 맞는 거잖아, 거기서만 빠바박 하고 그냥 휙 가더라고. "아이고, 저놈 저거 뭐" 그래서 못 오게 막았어, 나는 못 오게.

면담자　　국회의원들이요?

근형 아빠　　응, 국회의원. 이제 비밀리에 오는 거야. 그 있는데 장미화, 가수. 그렇게 앉아 있는데, 힘들어서 누워 있는데 장미화

55
·
2회차

라고 목소리 쉬어가지고 왔더라고. 그러면서 동진단인가 뭔가 알약을, 한약을 그걸 몇 개 주고 가는 거여. "기운 내시라"고 그게 진정한 저거지, 뭐 와서 사진 픽 찍고 가고 그래? "힘내시라" 그러고 가고 여기저기 다 돌아댕기면서 그렇게 하시는 거여. 장미화, 가수. 그래서 '아, 저 사람이 그래도 생각이 됐구나'.

또 뭔 일이 있었냐면은, 하여튼 간 일이 많았어요, 그게 또 다 가슴이 아픈 거야. 나도 지금 아직 그 명함을 갖고 있어요. 그 박순자라고 전 새누리당 국회의원이야. 난 몰랐어, 맨 처음에는 유가족이라 그랬어, 맨 처음에. 유가족 뭐라고 그랬어, 하여튼 간 그래서 유가족인 줄 알았지. 난 그 사람이 국회의원인지 학원 원장을 했던 사람인지 몰라요. 근데 자꾸 와서 "힘드시죠?" 이러면서 얘기를 걸어 자꾸. 근데 내 뒤에 옆에 있는 사람 가족이었던 거 같기도 해. 자꾸 거기 와서 삼촌 어쩌구 어쩌구 얘기한 게 친척 그런 거 같애. 거기 와서 자꾸 앉아 있다 가고 얘기하고 그랬던 거 보니까, 그래서 유가족인가 그랬어.

나중에 보니까 전 국회의원이래, 우리 반 어머니가 그래요. "저거 국회의원이라고", "아, 그래요?" 그러고 상대를 안 했어. 그래도 전화번호를 땄어요, 내 전화번호를. 나는 그 국회의원인지 몰랐는데 그래 갖고 나한테 연락을 주는 거여. VIP가 올 거라고 팽목항에. 뭐야 이거? 나밖에 모르는 거잖아, 그럼 그잖아요? VIP가 온대, 팽목항에 먼저 가서 계시래. "얼루?" 상황실로 갈 거래, 5월 7일 날인가 그랬을 거예요, 5월 7일 날인가. 아니, 5월 7일 날 아니구나.

언제 왔지? [5월 4일에 대통령 방문]

면담자   5월경에 왔을 거에요.

근형 아빠   그렇지, 그랬나? 하여튼 간 5월 되기 전일 거여. 5월 7일 날은 내가 바지[선]에 가서. (면담자 : 5월 8일에 근형이가 나왔었죠?) 그러니까 5월 7일 날은 아닌 거 같고 하여튼 간 그래요, VIP 올 거라고 메시지가 왔어, 가서 있으라고. 아, 전화가 왔었어, 그래서 "그래요?" 나는 그걸 또 우리 반 밴드에 올려준 거야. 반 밴드에 "VIP가 팽목항에 몇 시에 도착 예정, 상황실로 집결" 그렇게 반 밴드에 올려준 거야, 내가 그러니까 진짜 그 시간에 대통령이 온 거야. 어, 이거 봐라? 1미터 앞에서 앉아서 있는데 이주영 장관이랑 같이 와서 얘기를 하는 거여, 1미터 앞에서. 그때는 몰랐지.

면담자   그렇죠.

근형 아빠   그잖아요? '대통령 왔으니까 뭔 일이 되겠다' 그러니까 어떤 유가족인지 소리 지르는 거야. "저 이주영 장관 언제 자를 거냐"고 그 자리에서 그런 거야. 그거 대통령이 대답할 수 있겠어요? 못 하지, 그 자리에서 옆에다 놓고? 그런 일도 있었고. 그리고 그 사람은 배 타러 갔을 거에요, 거기서 대통령은 팽목항 왔다가 배 타러 들어갔을 거에요, 아마 바지에. 그러더니 박순자가 또 연락이 온 거야 밤에. 귀찮아 죽겠는데 왜 자꾸 연락을 해? 전화 안 했으면 좋겠는데 나는 심사가 괴로운데. 뭐 필요한 거 없느냐, 필요한 거 "우리 애 빨리 건져줘 딴소리하지 말고", 그게 제일 필요한 거지. 몇 가지만 필요한 거 있으면 얘기하시래, "뭘 몇 가지를 얘기를 하냐"고, "나는 필요한 거 없고 우리 애만 찾으면 된다"고 "다른 거 필요 없다"고 있다가 저녁 늦게 누가 올 거래, 만날 수 있내. "만나는 거야 만나지만, 뭔 일이냐?"고 "그러겠다"고 그랬어 누군지 몰라도, 그랬더니 황우여 부총리. 벙거지 모자 쓰고 밤늦게 온 거여. 그 하나 시다바리 데리고, 비서인가 하여튼 간에 데리고 밤 12시 넘어서 온 거야, 1시 다 돼서 목욕탕으로 오래 나보러. 나만 몰래 만나러 온 거야, 그 사람이. '어, 뭐지?' 그때는 부총리도 아니고 아무것도 아니었어요.

면담자   그냥 국회의원이었죠?

근형 아빠   어어, 국회의원이었어. '뭐 때문에 왔지?' 나는 그런 생각이 들잖아요. '이거 분열시킬라고 그러나?' 그런 생각이 들더라고. '왜 왔지? 그 분열시킬라고 나를 만나? 분열될 게 뭐가 있어?' 그잖아? "뭐 필요한 거 없으시냐"고 물어보더라고. 만났는데 "필요한 거는 아직 우리 아들이 안 나왔으니까 빨리 구해주시는 게 필요한 거"라고. 다른 게 뭐 있겠냐고. "아니 뭐 하시는 거냐고, 지금" [그러니까] 명함을 주더라고 명함 그래서 지금 갖고 있어요. 그래 12시 넘어서 1시니까 황당한 거여. 왜 벙거지 모자 쓰고 몰래 와서 만나나. "남들 눈도 있고 그러니까 몰래 왔다"고 "나는 다른 사람하고 틀리다[다르다]"고. 그것도 맞는 말이여, 언론 안 하는 게 그잖아요, '사진 칙칙 찍는 놈보다 낫다'고 생각을 한 거야, 나는 또. 그래서 "아니, 난 다른 건 없구요. 우리 아들 아직 안 나왔으니까 빨리 구해줬으면 좋겠다"고, "다른 거 물품 같은 거야 여기서 다 주니까 필요 없고 그거지 뭐 있겠습니까?" 그래서 내가 한 말 하고 갔고 일이 있으면 전화하래. 명함 주는 이유가 그거 아녀, 뭐 일이 있으면 주는 거 아니에요. 그거 잘 간직하고 있었지, 갖고 있다가 우리가 막 운동하러 댕겼잖아요. 우리 나중에, 이거 좀 더 있다가 얘기해야 되는데.

면담자   그건 3차 때 말씀해 주세요.

근형 아빠   그래, 이거 좀 더 있다가 이야기해야 돼. 아이고, 그렇게 해갖고 만났는데 박순자가 수상한 거여, 자꾸 와서 얘기하고 막 그러는 게. 그럼 나 싫거든, 도와주는 건 좋은데 이건 아닌 거 같애. 우리 애를 꺼내줄 생각은 안 하고 왜 와서 자꾸…. 선거운동 하나? 그잖아요? 필요한 건 여기 다 있는데 뭘 필요해 필요하긴. 우리 애만 꺼내주면 되지. 그래서 '우리 애 놔두고 뭘 거래하자는 거야? 뭐야 이거?' 별생각이 다 드는 거라 이게 왜 밤에 꼭? 1시 돼서 와서 나 운동할 시간에 뺑뺑 돌 시간에 와서(한숨).

7
진도 현장의 기자들

근형 아빠   그리고 기자, 그 일본 '주니치'? 뭔 기자래.

면담자   ≪주니치신문≫?

근형 아빠   어, 뭐뭐뭐 신문기자인가 봐. 그냥 대화가 돼요, 대화가 돼 본토 발음으로. 그래서 대화를 했지, 그랬더니 "왜 일본에 좋은 저기가 있는데 그거를 마다하냐?" 장비, 좋은 장비가 있대, 일본에. 근데 그런 걸 왜 마다하고 오는 걸 방해하냐? 그렇게 물어보는 거야.

면담자   가족분들은 모르셨었죠?

근형 아빠   응, "에이, 생각을 해보시라고 우리도 선진국이야, 당신네만 선진국이 아니고 이런 미개한 나라에서도 (웃음) 이렇게 건지지 못하더라도 그거를 받겠냐고. 뉴스에 나오는데, 세계적으로 망신인데 그걸 받겠냐고. 생각을 해보시라고 대통령이 그걸 원하겠냐고 우리 국가에서 죽이고 말지". [그런데] 난 그거 아니잖아, 내가 얘기하는 건 그게 아니잖아. 이 정부가 그렇게 나쁘다는 얘기예요. 왜 물건이 좋은 장비가 있는데 안 쓰느냐. 그거는 우수한지 알아요, 미국 장비도 우수하고 일본 장비도 우수한지 아는데, 우리가 못 한 거 그 좋은 장비로 했다고 칩시다. 사람 구하는 건 좋아요, 좋은데 그 뒷수습을 우리나라에서 어떻게 할 거 같아요? 그러니까 못 하는 거예요. 본토 발음으로 그냥 그랬더니 그것도 일리가 있다야, 그리고 우리가 못 구하지도 않았어, 근데 결국은 괜히 실험만 해보고 그랬단 말이야. 그거 뭐야, 그거 뭐지? (면담자 : 다이빙 벨?) 다이빙 벨. 그 잘못하면 사람 죽어요, 그것도. 그건 해경에도 있고, 해군도 있어요, 그런 게. 근데도 안 해봤다는 게 문제지. 해군에서 했었으면 됐을지도 몰라요, 근데 안 해봤잖아요. 누가 책임자가 없기 때문에, 해경이 책임자예요. 근데 해군이 온대도 막고 육군이 온다 그래도 막고.

면담자   헬기 띄우는 것도 돌려보내고 그랬었잖아요.

근형 아빠   헬기는 잘못 띄웠다고 생각해요, 나는 왜냐하면 그 헬기 소리 때문에 애들이 안심을 했단 말이야. 그 헬기 소리 때문에 "어, 헬기 왔어, 우리 구해줄 거야. 기다리자" 그거였단 말이야. 헬기가 없었으면 조용하잖아요, 조용하니까 애들이 불안해서 나올 수도 있단 말이에요, 그죠? 내다보고 막 '어어, 야 이거 위험해' 나올 수도 있는데 헬기가 떠서 몇 명 구하지도 못하고 그잖아요? 왜냐면 소리만 요란해 갖고 애들 안심이나 시킨 거잖아. '와다다다다' 소리가 엄청 크잖아요. '헬기 떴어. 우리 구하고 있어' 안심이 되잖아요, 애들이 안심을 하고 안으로 들어갔을 거란 말이에요. '가만 기다리라는 대로 기다리자. 헬기 떴으니까' 이게 잘못된 거야, 헬기가. 이게 내 견해야, 일리가 있잖아요. 헬기가 없어 조용했으면은 '구하러 오지 않았다', 불안했으니까 애들이 밖에도 내다보고 우왕좌왕해서 막 나올 수도 있잖아요. 그럼 한 사람이라도 더 살았을 거 아니야. 근데 헬기 때문에 구하는 걸로 착각을 하고 선생님도 그렇게 여겼을 것이고, 거기 있는 사람들이 대개가 다 그렇게 여겼을 거란 말이에요. 그 헬기도 죄인이야, 왜 몇 명 구하지도 못하고.

특공대를 와서, 애들을 와서 저 깨트리고 구하는 게 맞는 거지, 그걸로 실어 날르믄, 400명 언제 실어 나를라고 그 헬기로? 내 말이 틀려요? 특공대 와서 내려와서 튀어 나오라고 소리 질르고 그래야지. 특공대는 동거차도 초등학교에 있었다는데? 안 구할라고 그랬던 거라는 얘기야, 이게. 나오는 놈은 어쩔 수 없이 개미 새끼마냥 집어 먹고, 일부러 안 구할라고. 왜 그렇게 머리가 안 돌아가? 공부를 할 만큼 했던 놈들인데 다. 그래 안전에 대해 아는 놈들이 그 상식적인 것도 몰라?

하루하루가 이게 지옥이구나… 팽목항에 왔다가 또 저녁이면 미친놈마냥 진도체육관에 가서 돌고, 뺑뺑 돌고. 완전히 미친놈이야, 완전히 그냥. 그렇다고 술 먹는 것도 아니야, 나 그때 안경 안 꼈어요.

면담자　　　녹내장 있으시다고 들었어요.

근형 아빠　　　에에, 어떻게 됐느냐면은 이게 진도 내려가면서 희한하게 뿌얘, 안개 낀 거 같애. 그래서 '야, 이거 짠물이 짠 바닷바람이 안 좋은가 보다' 나는 그렇게 생각한 거예요. '짠 바닷바람이 안 좋은가 보다, 그래서 뿌연가 보다 여기가' 그런 거예요. 그게 안개 낀 거같이. 이제 견뎠어요, 그런대로 견디고 이건 나중에 또 얘기해야 돼요.

미친놈마냥 돌고, 돌고, 또 돌고. 그 조카도 와서 고생, 밥도 안 먹어가면서, 밥을 먹을 생각을 안 해. 같이 먹으러 와서 '삼촌 밥 먹읍시다' 그러고 먹으면 얼마나 좋아. 붙임성이 없어 가지고 지 할 일만 하는 거야. 왔으믄 삼촌 같이 챙겨주고 밥 좀 같이 먹고 그래야 되는데, 삼촌이 밥을 먹었는지, 응? 다 지켜보고만 있는 거야. 그래 갖고 "아이고 이 새끼야, 저놈 붙임성도 없어 가지고". 걔 지

62

근형 아빠 이필윤

금도 아직 장가를 안 갔어요. 천안에 사는데 아파트도 있어요, 삼성에 댕겼었는데 지겨워서 때려친 거야, 그놈이 회사가[에] 너무 오래 댕겨서. 그러더니 지금은 직장 구할려도 못 구해(웃음). 그 사고 나기 전달에 그만둔 거야, 3월 달에 그래 갖고 와서 있던 거라. 직장 댕겼으면 그렇게 못 와 있었었겠지, 그러면서.

면담자   체육관에 기자들은 계속 와 있었나요?

근형 아빠   기자들이 막 와서 물어보고, YTN에서, 그거는 대통령 왔을 때쯤? YTN 기잔데 초짜래 초짜, 그놈 명함도 있을 거야. "근데 나 얼굴 안 나왔으면 좋겠다" 비 오고 막 그럴 때예요, 바람 많이 불고 우중충하고 그러는데 인터뷰를 하고 싶대, 내가 초짜니까 좀 도와달래. 그래서 우××기잔데 지금도 나와요. YTN 우×× 기자라고 사회부인가 본데 그 기자가 인터뷰 좀 하고 싶대. 대통령이 안에 있는데 나는 상황실 밖에서 인터뷰를 했을 거예요, 아마. 근데 사진이 안 나오고 그 우비를 입었어, 하얀 우비를 입고 멀리서 찍힌 거야. 나인지 몰라, 어떤 놈이고. 그렇게 인터뷰를 한 거야, 그렇게 하라고 했어, 내가 나인지 모르게. 근데 TV 나왔더라고 그게(웃음). 나만 아는 거여, 나만 아는 인터뷰를 한 거야. 말은 어눌해 가지고… 아이고 참말로 그렇게 하고. 근데 물어봐도 대답하기가 힘들잖아요, 그때 당시는. 그잖아요? 뭘 어떻게 해야 될지도 모르겠고. MBC 기자 진도체육관에서 그 뜰에 앉아서, 걔 명함도 갖고 있는데, 걔는 인터뷰를 안 했어. 누가 그랬는데 MBC 기자 [인터뷰]해 주지 말라고 귀띔을 해준 거야, 나한테. 그래서 놀려먹었지, 내가. (웃으며) 놀려먹었어, 일부러. 해줄 거면서, 해줄 것마냥 하다가 "절대 하지 말라고 내보내지 말라고, 찍은 거 내보내지 말라"고 그래 안 나왔어.

면담자   MBC에 인터뷰해 주지 말라고 그런 건 어떤 사람이었나요?

근형 아빠   어떤 사람이 얘기해 주더라고. MBC 기자하고 얘기하고 있으니까 어떤 사람이 넌지시 와서 얘기해 준 거야. "하지 말라"고, "알았다"고 내가 아는 사람이겠지. 그래서 얘기를 안 해, 나는. 그리고 기자단이 많이 와 있잖아요. 체육관에 여기저기 막 카메라도 설치해 놓고 그렇게 했잖아요. 그럼 우리 유가족이, 실종자 가족들이 회의를 하고 그럴 때 막 찍고 그러잖아요, 멀리서. 나가라고 소리 지르고 그 카메라 깨뜨려 버린다고, 유가족이 가서 쫓아가서 카메라 던지고 막 그랬어요. 우리 입장에서는 그게 안 나갔으면 좋겠는데 와서 자꾸 사진 찍고 그러는 거여. 그래서 그 카메라도 내동댕이치고 깨뜨려 버리고 막 그랬어요, 그 전에. 그게 제정신으로 그랬겠어요? 그 사람한테 억하심정이 있어서 그랬겠어? 뵈는 게 없는 거야, 그냥. 그잖아요? 정홍원 국무총리도 조인트 까는 판인데, 많이 맞았을 거예요, 나도 많이 깠으니까. 이주영도 마찬가지고 그 서해청장인가 그놈도 마찬가지고 조인트 엄청 많이 맞았어요. 막 까 버렸어, 나도 사람 많을 때 푹 까는 거여, 그냥 열받으니까. "니가 서해청장이냐, 인마. 그렇게 하고 밥 먹냐? 애들 하나도 못 구하면서".

8
남겨지는 두려움

근형 아빠   (한숨) 너무 힘든 거야, 그 상황이. 어떡해요. 면대장이 많이 위로해 줬어요, 면대장이 나를 많이 위로해 주고 같이 산책도 해주고. 헬기가 다니고 있었잖아요. 링스 헬기라고 그 체육관 운동장에 여덟 대인가 이렇게 딱 있어 가지고 그 헬기 보러 가자고 바람 쐴 겸, 집사람이랑 같이 가서 밥도 먹고 그게 얼마나 위로가 되는데요. 그 사람이 "나중에 근형이 나오면 이 헬기 타고 가시라"고 그러는 거여. 헬기 타고 가고 싶지, 처음이니까. 근데 그게 아니었던 거야, 헬기는 냉장고가 없어, 더웠잖아.

면담자   여름 다 됐었죠.

근형 아빠   예. 그러니까 물속에 있을 때는 괜찮아요, 물속에 있을 때는 괜찮은데 밖으로 나오면 [시신이] 바로 이상해진대요. 막 붓고 막 그런대요, 이상해진대. 그래서 밖에 나오면 빨리빨리 냉장고에 들어가야 되고 냉동이 돼야 되고 그러는 거예요. 근데 이거 헬기는 냉장 시설이 안 돼 있는 거예요. 그러고 119[구급차]도 냉장[동] 시설이 안 돼 있는 거예요, 근데 그 뭐지? 상조회사? 그거는 돼 있는 거야. 그래서 나중에 알고는 그렇게, 맨 처음에는 나오면 "헬기 타고 가라" 그랬으니까 면대장 말대로 헬기를 타고 갈라고 그랬는 건데. 근데 그거는 몇 번씩 갈아야 돼, 몇 번씩 움직여야 돼. 근형이 만약에 헬기를 타면 몇 번씩 움직여야 되는 거야. 119 해가지고 헬기장까지 가야지, 헬기장에서 도착해서 119 해서 병원까지 가야지, 너무 애가 힘들 거 같애. 그래서 "이건 아니다, 한 번에 가자" 그랬던 거지, 그렇게 생각했던 거야, 나중에는. 그 사람이 엄청 도와줘 가지고 마음적으로, 심적으로 많이 힘이 됐어요. 그러고 일본 기자단도 인터뷰하고 갔고, 근데 나왔는지 일본은 안 가봐서 몰라(웃음).

나중에는 팽목항 가서 그 뒤에 보니까 텐트가 있더라고. 어이구, 텐트 안에 들어가서 며칠 있었던 거야. 그 따뜻하게 만들어놨더만, 저기보다 좋더만요, 어디야 진도체육관보다. 그건 넓고 그런데 여긴 씻을 데가 없는 거야. 그거 진도체육관 와서 씻으면 되니까, 있다가. 그래 갖고 거기서 있어도 깜깜한 건 마찬가지더라고, 거기서 팽목항에서[도] 뭐 안 보이는데 똑같은 거여, 진도체육관이나 거기나 똑같은 입장이야. 근데 진도체육관은 정보를 얻을 수가 있어요, 바로바로 정보가 뜨고 그러니까, 테레비로. 그래서 '이거, 안 되겠다. 팽목항이 더 안 좋네' 정보가 없는 거야, 내가 쫓아댕겨야 되는 거야, 거기는 쫓아댕겨야 되고 힘들게. 그래서 '야, 이거 안 되겠다' 다시 진도체육관으로 철수한 거야.

원래는 팽목항에 있다가 진도체육관에 왔잖아요, 근데 [첫날에는] 애들 몇 명밖에 없었어요, 진도체육관에. 그 생존자 애들 살아온 애들 몇 명밖에 몇 개 안 깔려 있었어, 그 바닥에. 근데 3일 있다가 와서 보니까 그 안에 꽉 찬 거야 사람이. 〈비공개〉 연화네하고 같이 있었던 거지. 근데 연화는 일찍 나와서 갔어. 하나 가니까 얼마나 섭섭한지, 너무 섭섭한 거여. 눈물 나고 막 그러는 거야…, 아이구 승질나. 우리는 테레비 앞에 바로 있었으니까, 맨 앞에 TV 있는데, 이게 한 사람 한 사람 가니까 지옥이고 쓰러지기 일보 직전이야.

점점 지치잖아요, 충격에. 자꾸 가고, 한 사람 가고…. 그게 이제 [아직] 안 나온 사람끼리 모이는 거잖아요. 안 나온 사람끼리 대화를 할 수 있고 막 그러잖아요. 실종자 가족이니까, 간 사람은 유가족이고. 모여가지고 얘기도 하고 막 그러는 거야. 그 뭐지? 상황실에 가서 브리핑도 듣고, "왜 안 구하고 자빠져 있냐, 이놈들아. 우리 애는 어떡할 거냐? 유실되면 어떡할 거냐? 유실 방지는 제대로 하고 있냐?" 물어보고 그러는 거예요. 그러면 대답은 그거야 "제대로 하고 있다"는 거야. "뭘 제대로 하고 있는데? 근데 왜 없어 애들이? 빨리 왜 안 구해? 니 입장에서는 어떡했으면 좋겠냐, 우리가?" 그러는 거예요. 그잖아, 입장을 바꿔놓고 생각하면은 "너희들 그렇게 밥 먹고 돌아댕기면 안 돼, 밥도 먹지 말고 해, 일을. 우리 제대로 밥도 안 먹고, 잠도 못 자 너희들 때문에…" 국회의원 와서 사진 찍고 가지, 그게 너무 싫은 거야. 왜 그렇게 하는지, 머리 안 좋은 거 아니에요? 사진 찍을라면, 와서 위로해 줄라면 그것만 위로해 주는 게 아니고 있는 사람은 몇 명 안 되니까 다 위로해 주는 게 맞는 거예요. 근데 거기만 딱 사진 **빡빡빡빡** [찍고] 쌩 나가는 거여. 얼마나 얄밉던지 "저 새끼 저거 뭐야, 어떤 놈이야 저거?" 그랬더니 안철수래(웃음). 아이고 철수했구만, 보지도 못했어. 딱 찍는 거 못 본 거여, 우리는 멀리 있으니까, 우리는 맨 앞에 있으니까 문 앞이 아니야.

그게 또 [애들이] 며칠 동안 안 나오는 거여, 그러면 더 완전 사람 지치고 죽는 거여, 완전히. '야, 이거 큰일 났다' 그러다가 한 명 뚝 나오고 그러면 그 얼마나 부러운지…. 그때는 DNA가 됐기 때문에 내 애는 아냐, 무조건 내 애가 아냐. 날 불러야 내 애야. 환장하는 거여, 그게 너무 지옥 같더라고. 또 그잖아요, 한 명 한 명 없어지고 그 큰 강당에 한 명이 빠져나가고 그러니까 짐도 다 싹 빠지고 하니까 너무 무서운 거야. 완전 점점 '내 애가 안 나오지 않을까?' 지금 실종자 가족 이해를 하는 거예요, 완전. 어, 은화, 다윤이, 현철이 걔들 진짜 너무 힘든 거여, 엄마, 아빠들이. 그게 완전히 지옥이 따로 없는 거지. 그래서 이것도 나중에 이야기해야 되네, 나중에 이야기해야 된다, 이것도.

9
아이 수습과 장례까지 과정

면담자   근형이를 23일 만에 만나셨죠?

근형 아빠   예에, 23일인가 22일 [만]인가에. (면담자 : 5월 8일) 에, 5월 8일 날 어떻게 나왔냐, 그것도 참 우여곡절이 많고 너무 힘들게 나왔어요. 왜냐? 누가 그러는데 바지[선]에 가야 나온대. 부모님들이 바지에 가서 소리 질러야 나온다는 그 얘기를 하는 거야.

근형 아빠 이필윤

"어, 그래?" 그리고 내가 여기 [체육관] 맨 앞에 앉아 있고 뒤에 요한이 아빠라고 목사님이야, 플래카드 이렇게 들고 "우리 요한이 찾아주세요". 목사님이고 옆에는 호진네고 뒤에는 또 누구고. 근데 연화네 옆에 거기로 옮기면 다 나오는 거야, 연화네 옆에. 그 자리에 이사 가잖아, 사람들이 여기 있다가 글로 가잖아? 그럼 글로 가면 [아이가] 나오는 거야, 희한하게. 근데 그 사람이 그러는데 바지에 갔다 왔대, "바지에 가서 소리 지르고 왔다"고. 〈비공개〉 호진네도 나와서 갔지, 어? 나도 일로 옮겼어, 먼저 자리부터 옮겼어. 되게 편해 여기, 이렇게 기댈 수도 있고 되게 편해. 왜냐하면 남들도 왔다 갔다 하고 그냥 죄 처다보고 그래 갖고 옆에가 좋은 거야. 그래서 "어, 여기가 되게 편하구만" 그리고 5월 6일 날인가 들어갔어요, 바지에 강민이 아빠랑, 8반 누구 아빠랑, 또 중근이 아빠랑 네 명이 갔어. 하여튼 간 네 명이 나, 강민이 아빠, 8반 누구, 중근이 아빠, 네 명이 갔어.

근데 가는데 죽을 뻔했어, 파도가 세 가지고. [해경] P정을 타고 가잖아요, P정. 해경 그걸 타고 가는데. 이놈들이 가면서 커피도 주고 먹을 거 먹으라 그리고 막 그래. 그래서 '어, 이놈들 잘해주네, 이놈들. 죄를 많이 지었나 보다' 속으로 그렇게 생각했어. 커피도 주고 "뭐 드실래요?" 막 그렇게 얘기도 잘해주고 그래. 근데 구명조끼는 안 주는 거, 제일 중요한 거 안전. 애들도 뭐 어리벙벙한 건지 원래 없는 건지 우리를 죽일라고 그러는 건지 안 주는 거야, 생각을 못 하는 건지. 근데 파도가 세요, 그날 파도가 세 가지고 이 P정이 바지에 못 대. 바지에 대다가 바지하고 부닥치면 깨지고, 사고 날 수 있으니까.

면담자　　　그래서 바지선 주위를 돌았어요?

근형 아빠　　　아니, 뼁뼁은 못 돌았었어. 안 돌고, 단정을 또 내려. 단정 있잖아요. 그 작은 거 [모터 소리가] 웨엥, 오토바이마냥 그런 건데. P정에서 그 단정은 또 작어, 그건 파도가 세니까 더 움직이는 거야. 이게 이렇게 움직이고 이 P정은 좀 크니까 좀 덜 움직이고. 근데 P정에서 단정으로 내려가서 그걸 타고 바지에 가야 돼. 근데 내릴 때 이거 막 움직이잖아요, 이렇게 파도가 세서 잘 맞춰서 뛰어내려야 되는 거야. 이거 구명조끼도 없는데 네 명이. 근데 다른 사람들은 젊고 그러니까 잘 뛰어내려. 근데 나 같은 놈은 좀 그놈들보다는 나이가 먹었잖아, 그 사람들보다. 그러니까 (웃으며) 이렇게 꼬꾸라진 거야, 팍 꼬꾸라져 가지고 여기 다 까지고. 거기는요 물발이 세서 떨어지면 바로 절로 다 쓸려나가는 거래. 그러니까 구명조끼 없으면 죽는 거야. 그잖아요, 구명조끼 있으면 떠서라도 숨 쉴 수 있으니까 안 죽잖아. 그렇게 고꾸라져서 탔어, 어떻게든지 단정에 탔어. 근데 [고정하기 위해 단정에] 그거 발을 껴야 돼요, 발을 껴야 돼. 그렇게 발 끼는 게 있어, 이렇게 잡는 거예요, 오토바이마냥 네 명이서 이렇게 잡는 거야, 그러고 가는 거야. 가서는 이거는 조금씩 움직이잖아, 저기 바지는 이거는 이렇게 막 움직이는 거여, 단정은 이거 뛰어서 또 내려야 되는 거여. 발 빼고 잘 겨냥해서 이렇게 올라왔다 또 뛰어내려야 되는 거야, 고꾸라지고 또

까지고.

여기 이게 [거리가] 차이가 있잖아요, 바로 바짝 붙이지 않잖아. 붙이면 이게 움직이니까 팍 뒤집어지잖아요, 이건 쪼끄마니까 부딪치면. 그래서 떠라 쪼끔, 여 공간이 있어요. 그래서 이거 잘 올라갔을 때 뛰어내려야 돼. 뛰어내리다 일로 빠지면 그냥 가는 거예요, 완전히 바로 가는 거야, 파도가 세고 그러니까. 근데 우리 죽일라고 그랬는지 이 구명조끼 안 주드라고, 그래 구명조끼 안 주면서 갔어. 간신히 목숨 걸고 간 거예요, 우리 애들 찾을라고. 그잖아요, 생각을 해봐요. 그 바로 떨어지면 죽는 거야, 고꾸라져 가면서 내렸으니까.

그래서 간신히 6일 날 그렇게 갔어. 갔더니 파도가 세고 물발이 세니까 그 줄 있어요, 줄이 이렇게 네 개 늘어져 있더라고. 가보니까 파도가 세 가지고 그 줄로 비바람이 막 몰아치고 그러더라고. 작업 못 하지, 그 상황에는 못 할 거라고 생각했어요, 우리도. 그래 못 하고 있으니까 그날은 그냥 잔 거여. 우리 힘들게 왔잖어, 처진 거야 완전히, 녹초가 된 거여. 잠은 어디서 자냐? 그 기계 옆에 아무 데서나 누워 있으면 되는 거야. 7일 날 그때도 파도 때문에 못 움직인 거여.

근데 밥을 먹잖아요, 잠수사들 밥을 먹는데 보니까 너무 부실한 거야, 너무 부실해 가지고 동거차도마냥 햇반에다가 피자 몇 쪼가리 있고, 그 뭐지? 햄 몇 개 있고 막 그러더라고. "이게 뭐 밥 해 주는 것도 아니고 너무 부실한데?" 그랬더니 물어봤어 "왜 이렇게 먹냐?"고 그랬더니 안 들어와서 그렇대 보급품이 잘, 배 못 들어오고 그러니까. "뭔 소리냐?"고, "해경은 뭐 하는 거냐?"고 그래 과일 하나도 국무총리 허가를 맡아야 된다는 거야. 그게 말이 돼요? 아이고, 그래서 다음에 나와서 국무총리한테 얘기를 했어요, 내가 직접 그 상황실에 브리핑하는, 손 흔들고 "아니, 바지에 갔더니 보급품 하나라도, 수박 한 통이라도 국무총리 허가 맡아야 된다는데 그게 사실이냐고, 왜 그래야 되냐고 물어봅시다" 총리한테 그랬어. 그때 대답을 못 하는 거야. "왜 대답 못 하냐?"고 "빨리 얘기해 보라"고. 웃기는 세상 아녀, 왜 수박 한 통 가는 걸 국무총리가 얘기를 해야 되냐고, 그게 있을 수 있는 거냐고. "왜왜왜, 잠수사들 뭘 먹어야지 바다에 들어가지. 그렇게 먹어가지고 뭐 애들 구할 수 있겠냐?"고. "보급품도 제대로 안 해줄 거냐?"고 그 이후로 섬에서 아줌마들이 와서 밥을 해주고 설거지도 해주고. 그래서 그 당번으로 해가지고 그렇게 한 거예요.

나는 거기 들어가서는 소리소리 질렀지. "근형아, 근형아!" 그러면서 거기 보면 소시지도 있고 그러길래 그걸 하나 딱 뺐어, 다른 사람은 몰라. 저녁에쯤 돼서 그걸 던져주면서 "근형아, 이것 먹고 힘내서 나와라. 아빠가 미안하다 못 구해줘서. 빨리 나와라, 미안하다" 그러고 레모나 있었어요, 레모나가 비염에 좋대. 얘가 비염이 있어요, 그래서 레모나를 또 바다에 뿌려주면서 "야, 이거 먹고 비염이나 좀 나아라, 이놈아" 그렇게 소리소리 질르고 "아빠가 미안해, 못 구해줘서". (눈물을 훔치며) "왜 그랬는지 아빠가 꼭 밝혀줄게" 소리가 안 나오는 거예요. "아빠가 너가 왜 이렇게 됐는지 분명히 밝히고, 죽을 때까지 밝힐 거다. 용서해다오. 미안해" (눈물을 훔치며) 소리소리 지르고. "애들도 같이 데리고 나와라, 용서해다오. 미안해" 소리소리 질렀더니 시원하더라고. 가본 게 진짜 천만다행이야, '안 가봤으면 어떻게 했나' 그런 생각이 들고. 그리고 7일 날 그렇게 저녁에 소리 지르고. 파도가 세서 못 나와, 7일 날 못 나온 거야. 7일 날 나올라고 했는데 못 나오고 8일 날 되니까 아침에 나갈 수 있대, 다행이지. 그래 8일 날 아침에 나왔어요. 나왔는데 그때까지 작업을 안 했던 거여.

면담자   물속에서요?

근형 아빠   예, 작업하는 걸 못 봤어, 파도가 세니까. 작업을 한 걸 봤으면 좋겠었는데 작업을 한 걸 한 번도 못 보고 그냥 6일 날 가서, 7일 날 공쳤지. 8일 날 나와야 되니까 나온 거예요, 파도 때문에. 그래서 '이놈들이 우리 간 다음에 작업할라고 그러나?' 나왔어, 작업에 방해될까 봐 그랬고. 하여튼 간 나왔어요.

나왔더니 저녁 8시 32분인가? [근형이의 인상착의가] 뜬 거여. 내가 집사람한테 "어, 저거 봐봐. 근형이 아냐?" 그러니 맞대 "어떻게 맞냐?" 그랬더니 "팬티가 나하고 같이 고른 거야" 그 얘기. 팬티가 그 무늬가 있어요, 무늬가 신발 자국 무늬야, 특이한 걸 고른 거야, 엄마하고 같이 인터넷으로. 정말 다행이었던 거지. 저런 무늬 골랐던 사람이 있을까? 그잖아요. 그래서 나한테 전화가 온 거야 "근형이 같으니까 오시라"고. 팽목항으로 몇 시에 도착할 거라고 그래서 팽목항에 가서 기다리고 집사람 거기서 막 우는 거지, 청심환 멕이고 나도 먹고. 근데 얼굴을 안 보여줘, 얼굴 상했다고 안 보여주고. 어디다 부닥친 거야, 안 보여주는 거여, 팽목항에서는 못 봤어. 근데 살은 멀쩡해요, 살은 멀쩡한 거야. 옆에 보여주고 사진 찍은 거 이렇게 요 옆에 보여주는데, 여기는 멀쩡한데 여기 깨진 거라, 여기가 함몰이 된 거야. 아이고 어디다 부닥친 거겠지. 근데 강민이랑 같이 껴안고 나온 거야, 둘이 서로 의지하면서. 그래 그 얘기는 강민이랑 친했던 거야.

〈비공개〉

면담자   아이들 키우면서 외식 많이 하셨다고 들었어요.

근형 아빠   나중에는 지치더라고 완전히 힘들더라고. "야, 이게 안 좋다" 근데 내가 이렇게 음식을 매운탕 같은 것을 맛있게 끓여요, 음식을 했던 놈이라. [내가] 짜장면까지 뽑았던 놈인데 냉면까지 직접 만드는 놈인데 음식을 그렇게 해놓고, 나 24시간씩 근무라 그랬잖아요. 그러면 고날만 먹어 요놈이, 요놈들이 아빠하고 같이 만들어서 그날만 먹고. 그다음 날도 먹어야 되잖아? 아빠 출근하고 없으니까 지들이 이거 뎁혀서 먹어야 되잖아요, 요거를. 안 먹어, 고대로야. "아유, 아빠 속 좀 썩이지 마라, 이놈들아. 니들이 안 먹으면은 아빠가 얼마나 속상하겠냐? 이렇게 많이 만들어놓는 이유가 뭐겠냐? 아빠 없을 때 너들 먹으라고 만든 거잖아. 그럼 먹어야지 왜 안 먹어? 그럼 뭐 먹냐, 니네? 아빠 없으면 안 먹어? 그럼 안 되잖어". 〈비공개〉 마음이 아픈 거라, 제대로 못 먹은 거. 내가 다음부터 안 해주는 거야, 안 해. 이거 해주면 또 버리잖아, 그 몇 번이 아니라 계속 그런 거야, 주구장창. 어떤 날은 떡볶이도 해주고 어떤 날은 뭐 맛있는 궁중떡볶이도 해주고 어떤 날은 매운탕 기가 막히게 해주고, 별거 별거 다 해주는 거야. 오무라이스 하여튼 간 안 되는 음식이 없는 거야, 내 수중에 들어오면은 만능이야, 그냥(웃음).

면담자   아이들이 아빠랑 같이 먹고 싶어서 안 먹었나 봐요.

근형 아빠   근데 그날만 먹는 거여, 바로 했는 음식만 먹는 거여, 그다음은 맛이 없는 거야. 이거 다시 내가 뎁혀서 어떻게 맛있게 해줘야 먹는 거야. (한숨을 내쉬며) 환장하는 거여, 어떻게 고대로 있어. 내가 이렇게 먹고 나서 잘해놓고 갈 거 아니에요, "랩에 이렇게 먹어라" 하고 요대로 놔두고 갈 거 아니에요. 요걸 이렇게 켜서 이렇게 뎁혀가지고 가스 불 제대로 끄고 먹으면 된다. 밤에 와서 이렇게 보면 고대로. 환장하는 거여. 그래서 나중에는 그 엉아가, 엉아가 밥을 한다고 그래도 응? 전기밥솥인가? 한다고 했는데 뭐 잘못 끼웠나 봐, 밥솥 뚜껑을 날라갔어, (웃으며) 날라가지고 천장까지 밥풀이 튀고 시커먼 거야, 여기. 걔들도 얼마나 놀랐을 거예요, 안 혼냈어, 혼내지는 않았어요. 그거 해볼라고 했던 거를 기특하게 여겼지 나는 혼내지는 않았어요. 그거를 "위험하니까 하지 마, 아빠가 해줄게" 나한테 물어보지도 않고 지가 해볼라고 한 건데 뚜껑을 잘못 닫은 거라 그냥 펑 해가지고 밥풀 다 묻은 거고. 밥풀이 아니라 죽이 돼가지고, 밥알이 아냐. 밥알이 붙은 게 아니고 죽이 붙었어, 죽이. 시커매 가지고 그것도. 애들 그럼 "야, 이거 큰

일 날 뻔했다, 인마. 니가 여기 있었으면 다쳤지 않았느냐. 그럼 아빠 없을 때 그랬으면 너 어떻게 할 뻔했어? 큰일 난다 그러니까 절대 하지 말고 건들지도 말어. 굶어, 숫제"(웃음).

그래도 먹을 건 내가 다 해놓고 가요. "이건 어떻게 먹어라. 그리고 없으면 뭐라도 사 먹어라" 한다고. 그런 게 안 좋고 미안했고 속상했던 거야, 너무 속상한 거야, 너무 속상해. 나중에는 안 되겠어. 에이, 음식 때려치자 설거지하는 것도 싫고(웃음). (한숨을 내쉬며) 그렇게 요리를 많이 했는데도 그게 싫은 거야, 애들 데리고 삼부자가 이름난 거지, "삼부자 출동 가자. 뭐 먹을래, 오늘? 뭐가 있어?" 갈비탕, 고기, 와동은 다 돌아댕겨, 와동은 다 돌아댕긴 거야 밥 먹을라고, 그렇게 밥 한 끼 먹을라고. 그게 이제, 어디까지 얘기했지 그거?

면담자　　　　강민이랑 같이 나왔다는 부분이요.

근형 아빠　　　응, 강민이랑 끌어안고 나왔는데 그 잠수사가 그렇게 펑펑 울었대요. 애들 엎어다 놓고 너무 우는 거야, 전부 다 펑펑 울었대요, 잠수사들이 그 둘 보고 너무 안타깝고, [얼마나] 무서웠으면 애들이 이랬을까 싶기도 하고. 그 기사가 났더라고 어떤 사람이 구했는지 몰라도 너무 울고 그랬다고 기사가 났더라고. 그래서 그것도 신기한 거예요, 5월 8일 날 어버이날. 이놈이 효도할라고 아빠 말 듣고, 그래도 '마지막 아빠 말을 들어줘서 고맙다, 이놈아'. 그게 이제 봤어요, [근형이가] 마지막 밥 먹는 모습도 봤어, 카메라로 찍힌 거. 배에서 배 안에서 여기 있어, 핸드폰에 내가 저장해 놨어. 마지막 밥 왼손으로 먹고 앉았는, 애들하고 같이(한숨). 저게 마지막 밥이구나….

5월 8일 날 올라와서 데릴러 와서 밤 몇 시에 도착했더라? 10시인가? 그때까지 그냥 주구장창 울면서 기다린 거지. 애가 수학여행 간다 그랬는데 그 하얀 천을 보니까 눈물이 나더라고. 하얀 천 덮고 근형이라고 나와서 참… 얼마나 기가 막히고 코가 막힌지. 진짜 환장해, 애를 수학여행 보내봤더니 이렇게, 자기는 안 간다 그랬는데 그러고 "살아서 오겠다"고 "기다리라" 그랬던 놈이 포대기 덮고 나와, 아유 참 나….

이 일을 누가 책임을 져야 돼? 누가 책임을. 이 트라우마는 어떻게 할 거냐, 맨날 우는데. 나만 울겠어요? 광화문 가면 (흐느끼며) 지금도 젊은 사람이 인도에서 왔다고 미안하다고, 못 와서. 3년 만에 왔는데 미안하다고 못 지켜줘서. 또 어떤 젊은 아줌마는 그냥 막 울면서 미안하다고 오고 싶었는데 못 왔다고, 내 자식이 아닌데도 안 구해서, 못 구한 게 아니라 안 구해서 미안하대. 올 수 있었는데 안 구했다고 미안하다고 그잖아요. 우리 자식이 "살아서 갈게요, 기달려요" 이 메시지 다 찍혔어요. 23일 만에 나왔는데 핸드폰이 나왔는데 핸드폰 말짱해, 그것도 공부 잘했다고 엄마랑 같이 사준 핸드폰이에요. 〈비공개〉

얘는 학원 댕기다 지가 때려친다고, 배울 게 없대 "뭘 안다고 배울 게 없어, 이놈이. 다녀야지" 이랬더니 아니래, 더 성적이 안 온다야. 진짜 [아닌 게] 아니라 성적이 안 나와요, 학원 댕겼는데. 그러더니 학원 때려치니까 또 성적이 좋아지더라고? "이게 희한한 놈이네, 이거?" 그래서 마지막 시험? 거기서 [1등 했다고] 빨리 사내래 "야, 증거를 가져와" (웃으며) "증거를 가져와, 이놈아" [그러니까] "아이, 아빠는. 빨리 사내, 빨리" [그래서] "알았어, 가자" 엄마하고 가서 똑같은 걸로 엄마하고. 그때 그거 들고 가서는 얼마 쓰지도 않은 거잖아요, 얼마 쓰지도 않은 거예요.

갔다 와서는, 수학여행 갔다 와서 시험 볼 거거든, 2학년 기말고사 시작할 거라고(한숨). 지금쯤 대학생이라고 뻗대고 댕길 텐데… 이놈이, 아빠한테 모가지 힘줘가면서. 자식이 참 얼마나 아까운지, 공부도 잘해가지고 너무 아까운 거예요.

면담자 　　　　과학 선생님이 꿈이었고 인기도 많았을 텐데요.

근형 아빠 　　　아이고, 여자들한테 인기 많은 건 소용이 없어요, 남자들한테 인기가 많아야지. 뭐에 쓸 거야, 여자들한테 인기 많아가지고(한숨).

그래서 거기서 뭘로 갈 거냐고 물어보더라고 "[안산으로] 올라오는데 비행기로 갈 거냐, 119로 갈 거냐, 상조로 갈 거냐?" 고민을 했어요. 애 엄마하고도 얘기하고 "뭘로 갈까?" [그러니까 애 엄마가] "상조로 가요, 괜히 근형이 여러 번 옮기는 거보다 그게 낫지 않을까요? 힘들어도 우리가 참고 그렇게 합시다. 괜히 냉장도 안 되는데 부패하면 안 되니까 그렇게 합시다" 그래 갖고 그 상조회사 차, 그 사람 또 잘 만났어, 그 사람이 잘해주더라고. 그래 갖고 했는데 잘 만난 게 아냐, 나중에 그 단지? 그 뚜껑이 안 맞아가지고 애먹었다니까, 또. 다시 다른 데로 옮기고 그랬어요, 그것도. 그것조차 제대로 못 하고 자빠져, 뚜껑이 안 맞아 잠김이 안 돼요, 압축이 안돼. 그래 갖고 다른 걸로 옮겼어, 좋은 건데 그거는. 그래서 한 번 욕먹었지. 그런 거 진짜 잘해야 되는 거거든요, 그것도 진짜 잘해야 돼요. 하나라도 그게 제대로 나오겠어요? 뚜껑 새면 너무 그런 것도 너무 스트레스더라고. 왜 이런 것까지 몇 번씩 왔다 갔다 하면서 제대로 못 하나, 그러고 나서 고대[안산병원]에 와서. 〈비공개〉

고대에서 하고, 1층에서. 그래 나는 이제 금요일 날인가? 하여튼 간 하루를 까먹었어요. 그 4일에서 하루 까먹었어, 하루를 쉬었어요, 거기서 그래 갖고 3일장을 한 거여, 4일장이야 원래. 하루는 거기서 쉰 거야, 그냥 가만히 앉힌 거야, 하루를. 그래 갖고 3일, 4일장을 한 거지.

근데 거기서 또 어떤 알지도 못하는 사람이 조문을 왔어, 근데 좀 이상해. 알지도 못하는데, 그것도 슬픈 건 있지, 그 사람 딴에는 슬픈 거예요. 슬픈 건데 돈을 어디서 꺼내냐면 이 신발 속에서 1000원짜리 하나하고 동전 몇 개를 꺼내내. 안 받고 싶은 거여, "가지고 가시고 식사나 하시고 가시라"고 그걸 또 집어넣는 거야, 환장하는 거야. 근데 그렇게 하고 하루쯤에 와서 손님한테 시비를 거는 바람에 환장하는 거잖아요, 그것도 손님한테 와서 시비를 거는 거여. 계속 술주정하고 하나는 술병 집어넣고, 주머니에. 마셔가면서 술주정하고 환장하는 거여. 그냥 그래 갖고 우리 조카 일하는 애 있는데 얘기했어. "야, 어떻게 해봐라" 그랬더니 경찰을 불러, 경찰을 불렀더니 경찰이 와서 데리고 간 거야. 근데 경찰이 벌써 알아 그 사람을, 많이 그렇게 한 거야. "보냈다고 염려 마시라"고 그런 경험이 있어요. 그래서 무난히 보냈지, 슬프지만 어떻게 하겠어.

면담자   어머니는 안 오셨나요?

근형 아빠   아이고, 살아생전에도 한 번도 안 왔는데.

면담자   아직도요?

근형 아빠   예, 그게 문제라는 거예요, 그게. 지금 그것 때문에도 10원 한 장 못 탔어요, 우리 성금이고 뭐고…. 그걸 자세히 얘기해야 돼요, 그거를. 히익, 12시 넘었다.

10
마무리

면담자   오늘은 이걸로 마무리하겠습니다. 이야기 못 하셨던 것들 생각이 나시면 그건 3차 때 해주시면 되겠습니다.

근형 아빠   그래야지요. 수고하셨어요.

3회차

2016년 3월 11일

1
시작 인사말

면담자　　　본 구술증언은 4·16 사건에 대한 참여자들의 경험과 기억을 기록으로 남김으로써 이후 진상 규명 및 역사 기술에 기여하고자 합니다. 지금부터 이필윤 씨의 증언을 시작하겠습니다. 오늘은 2016년 3월 11일이며, 장소는 안산시 단원구 글로벌다문화센터입니다. 면담자는 정수아이며, 촬영자는 김솔입니다.

2
4·16 참사 이후 가장 기억에 남는 일

면담자　　　오늘 근형이 형에게 면회 다녀오셨다고 하셨죠? (근형 아빠 : 응) 마음이 좀 그러셨겠어요.

근형 아빠　　　그러죠, 근형이도 같이 왔으면 해갖고 내가 이름표를 가지고 갔어. (목에 걸고 있던 이름표를 꺼냄) 매달고 갔어, 일부러. 그 뭐지? 피케팅할 때도 이걸 딱 차고 같이 댕기는 거마냥 훨씬 마음적으로 편안해요.

면담자　　　근형이도 군대 갈 나이겠네요.

근형 아빠　　　그죠, 근형이도 이제 군대 갈 나이고. 〈비공개〉

면담자　　　참사 694일이나 지났는데도 불구하고 해결된 게 없죠. (근형 아빠 : 없어요, 응) 참사 이후 많은 일이 있으셨잖아요. (근형 아빠 : 엄청 많았죠) 가장 기억에 남는 어떤 일화가 있으시면 말씀해 주세요.

근형 아빠   기억에 남는 거야 도보할 때도 그렇지만은 100일 시점에서, 그 서울시청 앞에 거기서 행사했을 때, 100일쩬가? 행사했을 때 그때는 많이 참석을 했어요. 우리 반 학부모들이 진짜 많이 참석을 했다고, 그때 당시는. 반 부모들이 100일밖에 안 됐으니까. 그때 당시 비가 엄청 많이 왔어요, 억수로 쏟아졌어. 하얀 우비 입고 서울광장에서 행사를 하고 광화문으로 가는 길이에요, 광화문 가는데 왜 막어, 그걸? 차로 다 막아버렸어. 그래서 우리 7반이 선두 주자로 그걸 뚫고 지나간 거야, 맨 앞에서. 그래도 젊은 부모님들이 내가 나이 먹었으니까 나를 엄청 챙기더라고. 그래도 같이 그냥 경찰들 에워싼 거를 전부 뚫어가지고 7반만 쏙 나온 거야, 다른 사람들 막혀 있어서 못 나오고.

면담자   되게 위험했었잖아요.

근형 아빠   응, 위험한 거여, 7반만 쏙 나왔어요. 하여튼 간 몇 명 못 나왔어도 많이 나왔어. 와, 근데 그 비를 다 맞아가면서 팬티까지 다 젖은 거예요, 그러고 광화문까지 왔어. 근데 광화문에서도 막고 있는 거여, 무조건 막아, 이렇게 막는 거야. 이렇게 우리 안에 여기 있는 거야, 못 가게 막는 거야 무조건. (손짓을 하며) 근데 뒤에는 일로 해서[돌아서] 이렇게 갈 수 있어. 왜 막을까? (웃으며) 일로 해서 일로 갈 수 있는데. 여기는 차 [길이] 터 있거든 이쪽까지는 못

막잖아. 그래 갖고 여기서 밤새도록 앉아 있는 거여, 비가 오는데 물은 무릎 밑에까지 거의 뭐… 찻길이니까 찻길에서 앉아 있던 거야, 그 새벽에, 3시, 4시 될 정도로 그 비 맞고 그게 되게 기억에 많이 남는 거. 왜 우리가 그래야 돼요? 왜 그걸 못 가게 막고 있지? 이해가 안 가, 난. 우리 청와대로 그때 갈라 그런 건 아냐, 서울광장에서 광화문 올라가는 건데 그걸 막는 거야. 그때 너무 심하게 막고 그런 걸 우리 뚫고 나와서 광화문까지 왔어요, 전진해서. 근데 거기서 도저히 움직일 수가 없는 거야. 지쳤잖아, 4시 정도 돼서 지치죠. 그 비를 다 맞고 철퍼덕 앉았어요. 힘드니까 그걸 오래 있을 수 없잖아. 〈비공개〉

우리는 우리 애들 사진을 앞에서 딱 끌고 간 거거든, 애들 그 사진을 304명 해갖고 딱 끌고 간 거거든. 근데 그거만 붙잡고 있는 거여, 그것만 붙잡고(웃음), 앞에서 쫙 붙잡고. 그렇게 갔는데 그게 100일 때 행사였을 거야. 그때는 그거 뭐지? 최루가스인가 그거는 안 했어요, 그 이후로 한 거지. (한숨) 그 가스도 죽을 뻔했다니까. 나는 그래도 위험해서 가까이 못 갔어요. 이거 눈이 안 좋아, 눈 수술했기 때문에 눈 수술해서 못 갔단 말이야. 가까이 못 갔단 말이에요. 쏘는데 옆에서도 냄새가 엄청 나더라고, 죽겠는 거야 재채기만 나오고 기침만 나오고. 이놈들이, 그게 안 좋대요, 한의사가 그러더라고. 나한테 자꾸 한의사가 메시지를 줘요. "이 최루가스는 여기 아직도 남아 있을 거예요. 최루가스는 무슨 뭐에 의해서 얼만큼 안 좋다" 그거를 나한테 메시지를 줘요, 한의사가 우리 침 놔주고 막 봉사해 주는 사람이. '어유, 되게 안 좋은 거구나' 눈에 들어 가도 안 좋고 뭐 마셔도 안 좋고, 좋겠어요? 그게 고춧가룬데? 화학 약품이겠지. 그것도 다 맞아가면서 싸우고, 왜 그러는지 난.

아니 왜? 청와대 간다고 한들 청와대 가서 [우리가] 뭐 할 거야, 우리 유가족이? 그잖아, 뭐 때릴 거야? 그러지 않잖아, 싸울 거야? 그렇지 않아요. 대통령께서 손만 잡아주고, 아파해 주고 같이, 그 것뿐이야. 그걸 바란 거지, 우리는 '대통령을 탄압하자' 그거 아니 야. 근데 왜 막어? 그거 아니잖아요, 일부러 그러는 거 같기도 해 요. 만나주지도 않고, 만나서 뭐 하겠다는 거야, 우리가? 우리 얘기 를 하겠다는 얘기 아녀, 때리지 않겠다는 얘기잖아. 누가 잡아먹는 디야? [우리가] 대통령을 어떻게 할 수가 없잖아요. 근데도 왜 막느 냐고, 우리 국민 아니냐? 유가족은 국민이 아니에요? 국회에 들어 가서도 비둘기 똥 맞아가면서, 비둘기가 엄청 많이 살아요, 국회에 거기. 거기 매일 가는 거야, 저녁에 퇴근 아침에 출근, 국회를. 아 니면 거기서 자는 거여 당번 때는. 그럼요, 거기 비둘기가 많아가 지고 똥을 싸요, 똥을 싸면 안 보이게 떨어져. 그 벼룩 같은 거 있 잖아, 가려워 온몸이. 근데 거기에 드러누워서 자고 하는 거예요.

면담자   새똥은 독하잖아요?

근형 아빠   응, 독해요, 엄청 독하고 냄새나고 막 그래요. 그 바 닥에 그러면 빡빡하게 비둘기 똥 자국이 있어요. 바닥 깔아놓고 거 기서 누워 있는 거야. 우리 때문에 비둘기가 안 와서 그렇지, 우리 때문에 비둘기가 안 와요. 사람 있으니까 안 오는 거여. 올라가지,

안 날라들어 와. 그러더니 우리 왔으니까 갔겠지.

[국회 농성 철수 당시] 지들 마음대로 막 뺀 거여. 우리가 원래 안 뺀 거예요, 국회는. 지들이 막 치운 거야, 국회에서. 그때 당시도 너무 힘들었죠, 국회[에서] 생활하는 게. 우리는 못 들어가고 다른 사람들은 왕래가 자유로워, 유가족만 못 들어가. 그게 말이 돼요? 유가족만 화장실을 못 써요. 우린 국민이 아냐? 뭐 이런 세상이 있어? 이런 경우가 어디 있어요? 우리 들어가서 뭐 어떡하겠다는 거야? 우린 뭐 하겠다는 거 아니잖아, 화장실만 쓰겠다는 거 아녀. 근데 우린 못 들어가, 화장실 못 쓰게 해. 이상한 나라여, 왜 그럴까? 우리 뭐 화장실 가서 뭐 어떻게 누구하고 싸울 일 있나? 그잖아요, 이해가 안 되는 거예요. 우리는 거기서 농성할 뿐이고, 그잖아? 우리 요구 조건을 들어달라는 거뿐인데 화장실을 못 쓰게 하는 그건 인권탄압이지, 그죠? 딴 데 가서 쓰래, 저 멀리. (웃으며) 거기는 못 들어간대. 근데 초등학생들도 왔다 갔다 하고 대학생들도 왔다 갔다 하고 중국인도 왔다 갔다 하는데 우리만 못 들어가는 거야.

여기뿐이 아니에요, 청운동에서 청와대 분수대까지만 가더라도 우린 못 들어가는 거여. 중국인은 마음대로 왔다 갔다 청와대 안까지 들어가고 막 그러는데 우리만 못 들어간다는 게 그것도 인권탄압이라고 생각해요. 왜 그렇게 해? 우리가 뭐 잘못했어? 우리[는] 애들 잃은 거밖에 없잖아요. 애들 잃은 것도 서운한데 왜 그걸 막아요? 우리는 뭐 때문에 막는 거야? 이해도 안 가요.

그리고 이게 나만 그렇게 했던 게 아닌 거 같애, 내 생각에는요.

진도체육관에서 황우여, 그때 국회의원이었었지. 그때 몰래 벙거지 쓰고 와서 나를 만났다 그랬잖아요, 12시 넘어서. 그러면은 그게 왜 만났을까 생각을 한 거예요. 나는[한테] 왜 와서 쓸데없이 "뭐가 필요하냐?"고 물어보고 나한테 친절히 했을까? 그잖아요? 나 아는 사람도 아니잖아요, 포섭을 할라고 한 거 같애. 그잖아요? 잠재울라고 한 사람 한 사람 맡은 거 같은 생각이 드는 거야, 내 생각은. 그잖아요, 내 생각은 그거야, 다른 게 필요가 없는 거야. 나는 근데 적진에 뛰어들은 거지. (웃으며) 반대로 그냥 적진에 뛰어들은 거야, 일부러. 나는 "애를 빨리 구출해 달라" 그 얘기밖에 안 했어. 그리고 명함 받고 그것밖에 안 했어요. 그래서 그때 당시는 그렇게 해갖고 헤어졌단 말이에요? 연락이 없잖아요. 나를 포섭한 거잖아, 일단은 새누리당이잖아요. 그리고 국회의원 서명받을 때였었어요. 진도에서 와서 국회의원 서명 우리가 받으러 댕길 때야. 이 사람한테 전화를 한 거야, 전화번호 있잖아. 전화를 했더니 뭐지? 보좌관, 그 양반이 받은 거야. 보좌관이라는 사람이[에게] "나 누구 아빤데 황우여 씨 국회의원 만날 수 있느냐? 지금 국회 가고 있는데 사무실에 있느냐?" 했더니 지금 사무실에 안 계시대, "몇 호냐?" 815호인가 그렇디야. "알았다"고 "그럼 가서 기다리겠다"고. 언제 들어가실지 모르겠대 "그러면 내가 지금 서명을 받고 있는데, 서명을 해주실 수 있느냐고 물어보시라"고 그랬더니 알았대, 물어보고 전화도 준대. 전화 안 줘.

안 해줄라고 그런 거지, 새누리당은 잘 안 해줘요. 국회의원들

새누리당 절대 안 해줘요. 이제 새정치[민주연합]만 해준 거지, 새정치만 많이 해줬어요. 그래서 국회의원 의원회관 계속 왔다 갔다 하면서 받은 거여, 그래 815호 가니까 "황우여"라고 써 있어, 안 열려 있더라고, 도망갔어(웃음). 나중에 그 총리가 됐잖아요, 부총리가. 교육 부총리. 한때 지나간 거야, 장관 되고.

면담자　　　교육부 장관인가요?

근형 아빠　　　응, 교육부 장관에다 교육 부총리가 됐어요, 교육부 장관 겸 부총리야. 그래서 그때 당시 전화가 왔어, 부총리 되고. 그래서 내가 "축하드린다"고, 일단 그렇게 해야 될 거 아녀, 빈말이라도. 한 번 그걸 이용할라고 그랬던 거야, 나는 '이 사람을 통해서 대통령을 만나게 되면 좋겠다', 그 상황이면 좋은 생각 아니에요? 그러고 싶은데 지금 아직도 못 해요. 그걸 부총리에서 지금 내려왔잖아, 국회의원도 아니잖아.

면담자　　　아직 교육부 장관인가요?

근형 아빠　　　아니에요. 다른 사람이 됐어요, 내려왔어요. 내려오고 지금 인천 무슨? 연수구 거기 국회의원으로 나와.

면담자　　　원래 거기 지역구였어요?

근형 아빠　　　예, 지역구가 거기 인천 쪽인가 뭐? 어저껜가? 그 사람으로부터 그 뭐지, 스토리? (면담자 : 카카오스토리요?) 응, 그게 날라왔어. 연수구 어쩌구저쩌구, 난 연수구도 아닌데 뜬금없이 날라왔더라고. 이 양반이 내가 뭐 안산에 있는 사람이 연수구 가서 투

표할 일 있어? 나한테 이걸 해주게? 근데 '우리가 늦었구나', 내가 조금 빨리 총리 했을 때 얘기를 했으면은 부총리니까 들어주지 않았을까? 지가 얘기해 가지고 대통령한테 건의해서 '근형이 아빠가 좀 보고 싶다'고 '대면하고 싶다'고 했으면 어땠을까, '되지 않았을까?' 하는 생각이 드는 거야. 근데 그걸 못 한 게 한이 되는 거예요, 그러면 되게 아쉬운 거야. 지금도 하면, 얘기하면 될지도 모르겠지만.

하여튼 간 새누리당이니까, 어차피. 기회만 보고 있지, 아직 우리의 입장을 표명할 수 없으니까, 아직 싸우고 있는 중이니까. 내가 가서 또 이러쿵저러쿵하면 우리 그 [가족협의회] 집행부에서, 내가 또 그거 만났다는 저걸 하면[방해하면] 안 되니까, 그래서 아직 가만히 있는 거고 중간에서 파토 낼 필요는 없잖아. 근데 적군에 또 뛰어들고 싶긴 해요. 어떻게 해서 하나라도 건져야 될 거 아니에요, 그죠? 약속을 받든가 그러면 대끼리지[제일 좋지], 뭐라도 하나 건지면, 아무것도 이루어진 게 없으니까. 누구도 만난 적이 없잖아요, 아직도 만나주겠다고 약속했는데도 누구도 만나질 않았단 말이야. 그래 나는 아군인 척 들어가면 좋지 않을까 하는 생각을 아직도 하고 있어요, 끝나기 전에 한 번 만나봐야지, 만나보고.

3

4·16 참사 이후 가장 화가 나는 일

면담자　　　참사 이후 다 화가 나는 일이었지만 (근형 아빠 : 다 화가 나죠) 그래도 이건 진짜 못 참겠다 하는 건 어떤 기억일까요?

근형 아빠　　　가야 되는데 못 가는 게 그게 화가 나는 거. 그리고 청운동에서 동사무소 앞에 우리가 자리 깔고 누웠어요, 거기서도 이제 농성하는 거지. 그것도 인권탄압이라고 생각해요. 진짜 너무 나쁜 사람들이라고 생각해요, 내 그것도 찍어놨어. 그 원래 자동차를 찍어야 되잖아요, 카메라 이렇게 달려 있잖아, CCTV. 길 상단에 이렇게 속도위반하는 사람, 신호위반 하는 사람 찍는 거잖아요. 요렇게 매달린 걸 요렇게 돌려놨어, 우리 동사무소 쪽으로. 너무 화가 나, 이게 너무 화가 나는 거예요. "어, 이놈들 봐라?" 그걸 다 찍어놨어요, 내가 이 카메라로. 우리를 얘네들이 다 보고 있구나, 이런 경우가 어디 있어요? 차를 찍어야지 왜 사람을 찍고 있어, 그 걸? 우리 뭐 어떻게 할라고? 우리가 차야? 아주 우리를 다 감시하고 있다는 얘기여.

　　우리가 뭐 집에서 나오면 카메라 있잖아요? 집 앞에 보면 다 카메라가 있어요. 시청에서 감시하는 카메라, 경찰서에서 카메라 감시하는 건지 몰라도 범죄 예방 뭐 차원에서 이렇게 다 해놓은 거 있어요. 조금 가다 보면 또 카메라 있잖아요, 그럼 우리가 "어, 재 집에서 나왔다". 정보과에서 다 지켜보고 있단 말이에요. "어, 저

유가족 집에서 나갔다. 어디까지 왔다" 그거 다 알고 있단 말이에
요. 그래서 우리가 어디 가는 거 다 알아요. 세상 너무 무섭다, 너
무 무서운 거예요. 우리를 다 감시할 수 있다는 얘기예요. 청운동
앞에서 우리 찍고 있잖아 "아, 저놈들". 그리고 우리가 농성하는 거
니까 우리한테 나중에 고지서 날라올 수도 있어요. 그래서 "야, 이
새끼들 봐라, 이거?" 그래서 나중에는 뭐라고 그랬어요, 그랬더니
돌려놓더라고. 근데 찍어놨는데 카메라로? 그거 나만 찍었을지도
몰라, 다른 사람도 찍었었겠지만은. 핸드폰으로는 나만 찍었을 거
야. 그리고 거기를 다 차로 빙 둘러서 막아, 청운동 동사무소를 차
로. 사람 하나 못 빠져[나가게. 사람도 못 댕겨요, 일반 시민들. 그
러면 동사무소에 들어올라면 어떻게 하냐, 확인하고 들어가야. 동
사무소 우리가 완전히 요만큼 길 넘겨놓고 다 접수하고 있으니. 이
쪽에 사람 있고 이쪽에 사람 있고 너무 힘든 거예요. 그런데도 비
가 많이 와가지고, 왜 우리 댕기면 이렇게 비가 많이 와? (면담자 :
슬퍼서?) 슬퍼서, '애들이 노여워하나 보다'.

　　엄청 서럽더라고. 왜 우리가, 부모가 아이들을 잃었는데, 왜 여
기 와서 이러고 있을까? 왜 이렇게 어려운 세상에 태어났을까? 미
안하더라고, 애들한테. 다 키워주지도 못하고…. 아, 그것도 찾아
봐야 돼, 우리 근형이랑 통화한 거. 엄마랑 통화를 했거든, 나는 옆
에서 지도를 했고. "물어봐 뭐, 구명조끼 입었나 그런 거". 그 통화
한 기록이 없어졌다는 얘기가 들려가지고. 그 기록에 남잖아요, 통
화했으면은 몇 시 몇 분에 그거 기록이 남잖아요. 그게 없어졌다는

거야, 그때. (면담자 : 통신사에서?) 그걸 왜 없앨까? 통신사에서 없앤 게 아니라 정부에서 정보관 애들이. 그 소문이 막 떠돌더라고. 그거 확인은 안 해봤어요, 내가 집사람한테 집사람 전화니까 확인을 해봐야 되는데 확인해 봐갖고 없어졌다면은 지금 그 진술 조사에 그걸 밝혀줘야 돼요, 없어졌다고. 지금 그걸 조사하고 있는 중이에요. 그럼 그 핸드폰을 맡겨야 돼, 포렌식에. 어떻게 없어졌나 확인해야 되니까 그거 작업을 해야 돼요. 지금 [8시] 42분부터 45분 그사이일 거야, 아마. 여기 핸드폰에 보면 나와, 메시지 받고 전화를 한 거니까. 그게 나와요, 핸드폰에. 그사이가 32분인가? 아마 그럴 거예요, 그 기록을.

그리고 CCTV를 내가 확인했어요, 근형이가 배 안에서 마지막 밥을 먹는 걸. 왼손잡이라 왼손으로 친구들 이렇게 원탁에서 밥을 먹고 있더라고, 마지막 밥을 먹고 있더라고. 참, 환장하겠네…, 그때는 배가 기울었는지, 7시 몇 분이니까 아직 배가 안 기울었잖아요. 환장하는 거여, 그 밥을 먹고는 다 죽은 거 아녀.

그걸 밝혀야 돼요. 왜, 어떻게 밝히냐고…, 가만히 있는데. 힘이 없어요, 우리 유가족들은. 아니 나는 저 도보를 했잖아요, 여기 안산부터 진도까지 나는 이것도 차고 가고 애들 명찰도 여기다 몇 개씩 몇 명 거 달고 가고 막 그랬어요. 근데 다른 사람은 다 발 까지고 부르트고 막 그러더라고. 차 타고 그래 가다가, 근데 나는 처음서부터 끝까지 차 타본 적이 없어요, 발이 안 까졌어. 그래서 '야, 근형이가 나를 도와주는가 보다' 그런 생각이 드는 거야, 맨 앞에서 내가 갔거든. 야, 하나도 안 까지고, 근데 너무 힘든 거예요, 3일 동안은 3일이 견디기가 힘든 거여, 3일이. 너무 힘들은 거야, 얼마나 힘든지, 진짜. "에라, 내가 씨 거꾸로 매달아 놔바라, 이거 3일 못 견디나" 그러고 간 거여. 그 생각하고, 군대도 갔다 왔는데 이걸 못하겠냐. 400키로[킬로미터]가 넘어요, 진도까지.

가고 또 가고 하는데 전주인가? 전주일 거예요 아마. 전주인가? 거기서 한방 의사들이, 한의사들이 그 침을, 봉사하는 사람들이 있어요. 근데 다른 데서는 다 왔는데, 이 사람들[은] 우리보러 오라는 거야, 병원에를. 병원에 시설이 있으니까 그게 편하다고 가깝고 하니까 오래. 그래서 갔어, 근데 나를 보더니 (한숨) "이틀 있으면은 입 돌아갈 수도 있으니까 몸 상태가, 주의하시라"고 그러더라고. 그래서 "어떻게 주의를 하냐"고, 얼마 안 남았는데 걸어가야 되는데, 뭘 어떻게 주의하나 걸으면 운동 되는데 [물으니], 먹을 거 잘 먹고 하래, "그럼 약을 좀 주시라고. 돌아가지 않을 만큼만". (웃으며) 근데 안 돌아갔어, 여태까지 아직도.

그래 거의 다 왔으니까 나보러 그 뭐지? 뭐 하래, 그 팽목항 가서. 그걸 뭐라 그러는 거야? 간담회 비슷하게 얘기를 하라는 얘기지. "그러면 내가 지금 중구난방으로 얘기할 수도 있으니까 이것저것 열받고 하니까 적어줘라, 내가 읽을 테니까" 적어주더라고. 적어주는 [게] 내 생각하는 그대로 다 있어. 한번 그냥 읽어보지도 않고 쭉 훑어보니까. '내 생각한 대로네' 그러고 그냥 접고 놓고 갔어. 가서는 보면서 내가 생각한 대로니까 그대로 그냥 읽었지, 보태가면서. 그랬더니 먼저 [발언]한 우리 7반 재강이 엄마는 다른 사람이 안 울었어, 근데 나는 5000명을 다 울려버렸어(웃음).

내가 일부러 그랬어요. 이 내용이 별로 신통치 않아, 너무 단순해요, 내용을 보니까. 그래서 '야, 이거 그대로 읽으믄…' 내 생각이야, 이대로 읽으면 너무 단순하고 너무 내용이 없다 싶어. '그러면 이거를 슬픈 걸로 하자' 내 생각으로 한 거야, 나 혼자 생각이야. '그러면 뭐가 틀리겠지[다르겠지]' 하고 그렇게 작전을 짜고 그렇게 했어. 나 눈물 잘 없는 놈이에요(웃음). 근데 연기를 한 거지, 말하자면은 속도 그렇지만은 울면서 이걸 읽어버리는 거야. 그랬더니 우리 7반 민수 아빠도 "아, 형님은, 재강이 할 때는 안 울었는데 형님 때문에 울었잖아요". (웃으며) 다 울려버렸어, 하여튼 그 내용도 슬프기도 하지만은 일부러 울린 거지. 그러니까, 그래야지 이목을 끄니까. 너무 힘들지 우리들 전부, 나만 그런 게 아니잖아요. 그리고 아직도 실종자들이 있으니까 너무 이게 성질나고 막 그랬던 거야, 그냥. 아직도 실종자는 남아 있고 정부는 무대응이고 하니까. 지금도 마찬가지야, 지금도 무대응이야. 아주 지금도 뭐야 국회의원들이 한 거마냥 국회 앞에서 우리도 하고 있잖아요, 필리버스터인가 뭐.

그걸 왜 우리가 그렇게 해야 되냐고, 그거 어처구니없는 일이거든. 어처구니도 없거니와 그래서 들어주면 다행이지만은 너무 힘을 빼는 거야, 그것도. 그래도 해야지, 역사적인, 그래야지 저때 뭐 때문에 저렇게 했었다는 것을 알지. 후에, 그잖아요? 저때 뭐 때문에 저렇게 필리버스터를 했고, 유가족이 거기 가서 왜 싸웠고 그런 거를 알 거 아니에요. 뭐 때문에? 우리의 요구 조건을 들어달라는 그거. 왜 청문회를 국회에서 안 해요? 그거 열받는 일이야, 열받는 일. 이렇게 큰 사건을 왜 그렇게 안 해요? 뭐가 숨길 게 많아서? 우리 저 기자분도 그러지만 내가 기자들한테도 얘기했어. "왜 사실 그대로 기사를 안 쓰냐? 너희들이 기자들이 맞냐? 왜 나라에서 막는다고 못 하냐? 응? 그게 기자의 정신이냐? 그렇게 해갖고 뭔 기자를 하겠다, 밥만 먹고 살겠다는 얘기냐고, 기자의 정신은 어디 있냐?" 내가 큰소리 쓴소리 한번 했어요. 뭐 연합, 연합뉴스인가? 아니, 연합 기자 신문기자 거기에다가, 연합 뭐라고 여기 있는데 핸드폰에 있을 거예요, 그것도 저장이 돼 있어가지고. 아이고, 전화 왔었나? (핸드폰에서 연락처를 찾으며) 아니, 저기 있었다. [카카오] 스토리에 있었어요, 스토리에. 내가 저장을 해놨어요. 기자협회, 쓴소리를 한번 했지. 기자협회네, 기자협회.

면담자   그때 반응이 있었어요?

근형 아빠   뭔 반응이 있겠어요? 너는 짖어라, 이렇게. '한국기자협회'네. [치료 후에] 눈 한쪽 안대, 안대 하고 조폭모냥 해가지고. (핸드폰으로 기사를 보여주며) 이봐요, 조폭모냥 하고. (면담자 : 저도 그 기사 봤어요) 봤어요? 이거 저기서 한 거야, 분향소 대기실 거기 앉아서 한 거야. 열받아서 한 소리 했지 "너희들이 기자면은, 아 있는 그대로 보도를 할 것이지, 왜 나라에서 막는다고 못 하냐, 제재한다고 밥그릇 때문에 굶어 죽겠냐? 항복하는 사람이 있어야지 나라가 돌아가는 거 아니냐? 경찰도 마찬가지고 곧이곧대로 막으란 다고 막기만 하고 정의는 어디 갔냐, 이 나라에?"

그러니 그런 게 열받는 거야, 나는 너무 크게 생각을 하는 거예요. 우리가 싸우는 건 힘이 없잖아요, 아무리 시민 단체들이 도와 줘도 못 이겨요. 못 이기는 거 알아, 아는데도 싸워, 왜냐? 할복하는 사람들이 있어야지 되는 거거든. 그거 저번에 그 뭐냐? 해수부 문건 유출 그런 거허고 특조위 없애라 그런 거 신고한 사람. 그런 사람마냥 뭐 있어야 되는 거예요, 그래야 나라가 돌아가는 건데 그런 사람이 없다는 얘기예요, 지금 우리나라 시점에서는. 그게 정의 거든? 올바른 것은 올바르다고 얘기해야 되는 게 맞는 건데 그걸 못 하고 있는 게 우리나라 현실이에요.

[정부가] 언론을 잡아놨어요, 언론을. 아무리 인터뷰를 하고 내가 올바른 얘기를 해도 기자가 갖다가 줘도 안 써줘요, 막아요. 피디를 잡고 있기 때문에, 그 사람이 그걸 보내면은 짤라버리기 때문에. 그 사람 밥 먹고 살아야 되잖아요, 근데 거기서 할복하는 사람이 없다는 얘기예요. '나는 죽어도, 내가 잘리는 한이 있어도 이건 내보내겠다' 하는 사람이 없다는 얘기예요. 옛날에는 그랬을까요? 이게 이명박이서부터인가? 모든 언론을 잡았을 거예요. 너무 잘한 거야, 이거는 정부에서는. 국민으로서는 아니지, 절대 아니죠, 탄압이죠. 그잖아요? 왜 그걸 아냐면 우리 저 옆에 어린이집에서 학대가 있었거든요? 구타가. 근데 MBC에서 와서 찍어 갔어요, 낮에. 내 옆에 건물이니까 알지.

면담자　　영석 어머님한테도 들었어요, (근형 아빠 : 그래요?) 어린이집에 사건이 있었는데 TV에 안 나오더라고 하시던데 그건 가요?

근형 아빠　　나왔어요, 나오긴 나왔어. 어떻게 나왔냐면 MBC, 내가 카메라도 MBC 이렇게 마크 있잖아요? 그리고 차도 MBC 이렇게 마크 있고, 거기서 찍어 갔어요. (면담자 : 언론사 많이 왔었나요?) 아니, 거기는 MBC만 왔어요, MBC만.

면담자　　저번에 KBS에서 나왔다고, (근형 아빠 : 어) 뉴스가 공유된다고 아버님이 말씀하신 그거군요.

근형 아빠　　내가 얘기해 준 거예요, "8시에 나온다"고 분명히 그랬어, 몇 번 물어봤어. 8시에 나온다고 "그래요?" 8시 뉴스 있잖아요. 그랬더니 저녁에 보니까 7시 뉴스 KBS에 있잖아, 뉴스만 잘 보잖아요. 거기서 나오는 거야 "아니 MBC에서 찍어 갔는데? 어떻게 KBS에서 나오지?" 공유한다는 얘기야, 답이 그거잖아요. 분명히 KBS는 오지도 않았어, 생각해 보면 너무 무서운 거야. 다 잡고 있다는 생각이 언뜻 맞는 거잖아요, 언론을. 그래서 '야, 이거 우리가 아무리…'.

청문회 했을 때도 기자단들이 뭐 새카맣게 와서 막 찍어 갔어요. 근데 KBS도 오고, SBS도 오고, YTN도 오고, 연합도 오고 다 와서 찍기는 했어. 근데 [보도는] 왜 안 나와요? 왜 안 나올까요? 다 찍어 갔어요, 와서 카메라 보면 다 KBS 뭐 이렇게 찍어 가잖아요, SBS 그거 있잖아요, 카메라 위에 [로고] 찍힌 거. 그렇게 찍어 가는데도 안 나와 "야, 쟤들 너무한다. 찍어 가면서도 왜 안 나오니?" 막은 거야, 짤릴까 봐 못 내보내는 거예요, 찍어 가면서도. 나중에 자료로 쓰겠지, 그죠? 너무 무서운 거야, 세상이. 이거 어떻게 싸워요, 어떻게 우리가 싸울 힘이 없잖아요. 아무리 쳐도 방법이 없는 거여, 그래서 간담회 댕기고 전국적으로 댕기고 세계적으로 댕기고, 이 나라에서 오라 그러면 가고 그러는 거예요.

'외부에서부터 시작을 하자, 미국, 캐나다, 일본 그런 데서부터 알리자'. 근데 거기는 더 활발하게 움직인대요, 여기보다. 거기 있는 교포라 그러나? 그런 사람들이 많지를 않으니까 그렇게 활발하게 열심히 하는 건지도 모르겠지만은 되게 열심히 한대요. 독일? 독일에서는 이 사건 있을 때, 아침마다 방송을 해줬대요, 음악방송. 세월호 음악을 틀어줬대요. (면담자 : '천 개의 바람이 되어' 같은 거요?) 응, 그렇죠. 그런 거를 틀어줬대 독일에서, 독일 나라에서. 그래서 "와, 대단하다. 대단해" 그런 나라는 그렇게 하는데. 스웨덴 사람들, 이렇게 광화문 분향소 당직이라 가면은 어떤 때 스웨덴 사람이 와서는 그러는 거예요. "우리나라에는 이런 일이 있을 수도 없고, 있었다 해도 이렇게는 안 한다"고. 부러운 거야, 너무 부러운 거예요. 있을 수도 없대요, 있지도 않고 있어도 이렇게는 안 한단 얘기야. 유가족이 이렇게 길거리에서 이렇게는 안 하는 거야. 이렇게는 안 하게 만든다는 얘기야, 선진국이니까. 왜 이렇게 와서 이렇게 해야 되냐 이거야. 너무 슬프다는 거야, 그 코 크고 그런 사람이 와서 이야기를 하는 거야. 옆에서 통역해 주는 사람도 너무 어이가 없다고, 이렇게는 안 되는데. 그게 너무 부러워 가지고 환장하는 거야, 이것도 하다못해 일본에서도 피해자들한테 이렇게 안한다고 그래요. 왜 피해자들이 이렇게 하고 댕기냐고 그런 얘기를 하더라고. 그래서 아이고 미치고 환장하겠네….

4
참사 이후 가장 힘이 되었던 점

면담자　　이런 일이 있었는데 그래도 사람들에게 위안을 받는 그런 건 없으셨을까요?

근형 아빠　　위안이 될 게 뭐가 있어? (면담자 : 전혀 없으셨어요?) 왜냐면 요새도 가끔씩 성질나고 미치고, 이게 지금 트라우마가 가면 갈수록…. 이거 어떻게 할 거예요, 나라에서 이거 어떻게 할 거냐고? 슬퍼져요, 우울증 생기고 막 그러는 거 같더라고, 성질나고 화나고. 이게 트라우마 같애. 괜히 눈물 나고 남자니까 때려 부술려 그러고 그런 성격이 막 나오는 거야.

면담자　　그럼 힘을 나게 했던 일이라든지 그런 건 없으세요?

근형 아빠　　힘을 나게 하는 건 국민, 옆에서 도와주는 시민들 때문에 '아직까지는 그래도 살 만한 거구나'. 그런 젊은 애들이, 내가 팽목항에도 그 분향소가 있잖아요. 거기 가서 당번할 때인데 서울에서 왔대, 근데 아침 7시에 온 거야, 아침 7시에 차 소리가 나. 그래서 "뭘 아침 7시부터 이렇게 오지?" 한 사람 내 또래 정도는 되는 사람이 와서 분향을 하는 거예요. 거기 보면 쓰는 거 있어요, 주소도 쓰고 방명록 잊지 않겠다는 얘기 쓰고 그런 거 해요. 와서는 울어요, 나 또래 된 사람이 벙거지 모자 쓰고 와서 울어. 그러면 나는 옆에서 가만있어야지 어떡해, 울게끔 놔둬야지. 끝나고 나서는 "미안하다"고, "죄송하다"고 "아이, 뭐 죄송할 게 뭐 있냐고, 너무 고맙습니다" 이렇게, "여기 안 오셔도, 먼 데서 오셔도, 그것만이라도 우리는 고마운 일입니다. 그렇게 미안해하시지 마세요. 너무 고맙습니다" 이랬던 거야. 그게 한 명이면 괜찮아, 그게 끝난 저거잖아요. 근데 좀 있으니까 똑같은 사람이 또 와, 또 그러는 거여. "오고 싶은데 못 왔다, 미안하다"고 너무 미안하대 "구조했어야 하는데 미안합니다, 우리 어른들이 잘못했습니다". 이러는 거야. 그래서 그런 때 힘이 나고, 내가 그 양반들한테도 그랬어. "우리 유가족이 이렇게 하는 것은 여러분들 때문에 하는 겁니다. 너무 힘이 납니다. 이렇게 마음 써주시고, 슬퍼해 주시고, 잊지 않겠다고 해주시는 것만으로 우리는 힘이 너무 납니다. 너무 고맙습니다. 잊지 말아주세요". 너무 고맙다고 하고.

광화문 분향소 또 있잖아. 그 추울 때 영하 12도 막 됐을 때예요, 내가 갔을 때는. 근데 거기는 노인네들이 안 와, 내 또래 잘 안 와요. 젊은 애들이 많이 와요, 서울에는. 대학생들, 요 또래 대학생들이. 아니면 고등학생들이 와서 그 추운 데, 바닥 추워요, 차갑고. 내가 가서 만들었지만, 따뜻하게(웃음). 그거 보니까 이거 무릎 시리고 발도 시리고 그럴 거 같아서 내가 거기다가 장판 깔으라고. 거 온수 매트 다 깔았어(웃음). 그 두 명이 와도, 젊은 사람이 와서 절을 해요. "절해도 되냐"고 물어보고. "아, 해도 상관없다"고, "어른들 계시니까 선생님도 계시고, 딴 일반인도 계시니까 절해도 상관없다"고 절하고 우는 거여, 젊은 애들이 눈물 뚝뚝 흘리고. '아직까지도 그래도 세상 살 만하구나. 우리를 알아주는 사람이 있구나. 아직 잊지 않고 있구나'. 애들이 너무 고마워. 너무 이런 건 고마운 거지, 진짜로요. 젊은 애들이 이렇게 와서 한다는 것은 너무 밝은 거예요. 근데 걔들만 그런 게 아니라 좀 있으면 또 그래. 젊은 애들이 와서 또 그렇게 그래. 희한하다, 한 번 그러면 계속 그러는 거예요.

어떤 때는 아줌마가 와서 혼자 눈물 막 흘리고 그러고 나서 휴지 찾는 거예요. 그잖아요? 어떤 아줌마가 와서 막 울어요. "죄송하다"고, "미안하다"고 눈물 그냥 막 흘려, 쏟아붓는 거마냥. 그거 환장하겠대…. 그래서 아줌마들이 여기 분향소 안에 안 있는 거야. 그런 게 힘드니까 여기 분향소에 나만 있는 거야, 나만 맨날 가면 분향소야. 다른 사람들 가서 소꿉놀이하고(웃음). 이거 붙이고 있고, 나는 거기서 맨날 그냥 우는 사람 달래주고, 속은 가슴은 썩는 거지, 나는 너무 힘든 거야, 거기 분향소는. 그래서 나보러 맨날 거기 가서 있으래, 아줌마들이(웃음). 근데 그래도 나는 설명할려고, "우리 아들이고", 설명을 하는 거여. "여기는 우리 아들, 우리는 7반 32명", 설명을 해주는 거지. "아직까지도 못 나온 사람도 있고…"

여러 가지 얘기를 해주는 거예요. 그래야지 정확하게 알지, 그리고 성금 같은 것도 아니면 "보상 같은 것도 일부는 탔고…", 현재 상황을 얘기를 해주는 거야. 어떻게 우리는 어떻게 활동하고 있고 여러 가지 얘기를 해줘. 그러면 그걸 듣지도 않아요, 슬퍼서 듣지도 못해요. 슬퍼서, 우느라 "미안합니다"만 해. 연짱으로 "미안합니다"만 하는 거야, 그러면 내가 너무 죄스러운 거야.

5
구조도 유가족도 외면한 정부

근형 아빠 우리 애 잊어먹었는데[잃어버렸는데] (한숨을 내쉬며) '뭐를 잘못했는지 그거를 나라에서 알아내라' 이거지. 구조를 했으면야 나라에서 잘못할 게 없지. 근데 아무것도 한 게 없는데, "빨리 들어가라" 그래도 안 들어가는데. 빨리 들어가라고 소리소리 질러도 안 들어가더라고. "물발이 있느냐?"고 그러면서, 근데 물발이라는 것은 시간 맞춰서 있는 거예요, 근데 우리는 유가족은 그게 아니잖아. 우리는 요구 조건이 들어갔으면 빨리 구해야 되는 거 아니냐, 시늉이라도 해야 되는 거예요, 원래는. 근데 그게 안 됐어, 체계가 안 잡혔어. 그 제일 못된 것은 지휘 체계가 안 돼 있는 거예요, 그 현장에 누가 책임자가 있어 가지고 지휘를 했어야 되는 거야. '몇 시에 빨리 투입해' 그러는 사람이 있어야 되는 건데, 중구난방이야. 어떤 놈이 들어갈, 서로 그것 때문에 애들이 못 구해졌을 수도 있는 거예요. 빨리 만약에 그게 들어가서 빨리 침투가 돼가지고, 가라앉았어도 빨리 침투가 돼가지고 몇 명이라도 살릴 수가 있는 거란 말이에요. 근데 그거를 지휘해 주는 사람이 없으니까, 한 명이라도 못 구한 거란 말이야. 일부러 안 구했을 수도 있는 거예요, '파파이스' 얘기마냥. 한 사람당 얼만데. 그잖아요?

국정원에서 얼마를 벌어가는데, 그거 [세월호 선박이] 국정원 거래매. 국정원 거라고 밝혀지면은 이거 확실한 거잖아요, 안 구한 게. 그럼 어떡할 거야? 그러기 때문에 유가족한테 여한이 없을 정도로 해주겠다고 자부하던 사람이 싹 돌렸던 거 같애, 뭔 얘기 들어서 그렇게 돌린 거 같애. 그죠? 해주다가, 발표를 유가족이 언제든지 와도 만나주겠다는 그런 얘기 하고 [했는데] 안 만나주고, 국회 들어갈 때도 쳐다보지도 않고.

유가족은 사람, 국민도 아닌가? 그게 너무 속상하더라고. 다른 거보다 우리도 국민인데 자기 나라 국민의 한 사람인데 유가족이라는 것 때문에 살려달라 그래도 쳐다보지도 않았다는 게 그게 대통령으로서 너무…. 왜 쳐다보지도 않고…. 그게 손만 잡아줬어도 그냥 울고 말았을 거야, 손만 잡았어도. 요구 조건도 안 했을 거야, 대통령이 와서 손만 잡아줬었어도. 그잖아요? 〈비공개〉 유가족 손 좀 잡아줬으믄 좋았을걸, 왜 그걸 못 하셨는가? 손잡아 준다고 뭐 어떻게 되는 것도 아닌데, 그 대통령은 손잡는 거는 잘 안 하더더만요, 보니까. 남들이 와서 막 해는 것도 안 해요, 피해. 그 어버이연합도 막 반가워서 이렇게 막 손잡을라 그래도 잘 안 내줘요. 그게 소통이라는 거야, 소통이 안 된다는 거야. 그것도 하나의 소통이거든요? 손잡아 주고, 응? 들어주고. 얘기 들어주고 하는 게 그것도 하나의 소통인데, 그게 안 돼요, 박근혜는 그게 안 돼요.

보니까 열받는 게 뭐 하나둘이겠어요? 캡사이신 좀 그만 뿌리지, 우리가 때려 부순 거 아니잖아요. 차 우리가 때려 부순 것마냥 방송 다 하더만. 우리는 차 위에 올라간 거밖에 없어, 때려 부순 건 아냐(웃음). 아이고, 때려 부쉈대, 우리가 다. 우리가 오죽하면 그러겠어요? 그리고 때려 부순들, 응? 그 왜 거기다 세워놔? 가게 놔두지.

불법은 지네들이 한 거예요, 여기 다 찍어놨어. [경찰 버스로] 차 단막을 왜 해놔? 그거 막는 거는 불법이에요, 차로 막는 게 자체가. 그래 놓고 뭘 우리가 차를 때려 부쉈다고 뉴스에는 빵빵하게 그런 거는 잘 나와. 어떻게 2시에 술 먹은 걸, 술 먹고 싸운 거를 어떻게 그거를 잘 찍었어, 이렇게? 와서 지키고 있었나? 우리만 어떻게 '[유가족들] 사건만 나라' 그러고 있는 거여. 나쁜 사람들이에요, 진짜 술 먹고 그것도 하는 것도 작전인지도 몰라요. 김현 의원 그 사건도 그때 당시에 우리가 그 국회에 있었어요. 근데 그 대표랑 우리 유가족 대표 그리고 김현 이렇게 밤 9시 정도 해서 식사하러 간대. 인사했어, 우린. "식사하러 갔다 오겠습니다" 그래, 그래서 잘 갔다 오라고 밥 먹으라고 맛있게. 〈비공개〉 싸움 거는 사람이 있을 거 아니에요, 분명히? 일부러 어쩌나 볼려고. 야, 걸려들은 거지 그러니까. 그잖아요? 그렇게 생각 안 해요? 걸려드니까 '옳거나, 요고' 대리 기사, 응? 대리 기사인지도 모르지. 〈비공개〉

나도 술 먹었던 사람인데, 눈 때문에 못 먹어요, 요새는 눈 때문에, 눈도 아직 치료하는 중이고 안약 넣는데 귀찮아서 안 넣어, 요새는. 이 녹내장, 백내장 수술을 다 했어. 근데 수술비는 얼마 안 돼요. 2, 30만 원밖에. 근데 이게 그전에는 안경을 안 꼈던 사람인데 이게 돋보기예요, 안경을 안 끼면 흐리게 보여요, 안경 껴야 잘 보이고. 근데 옛날에는 안경 안 끼고도 잘 보였는데 그게 그렇게 되더라고요. 근데 안경 끼는 게 이게 되게 불편하더라고. 1년밖에 안 됐잖아요, 안경 낀 지. 되게 불편해요, 그래 이런 것도 다 스트레스로 그러는 거 같애. 나 이도 사건 일어나기 전에 치과를 가서 검사를 했어요. 그랬더니 바로 임플란트 해도 된대, 잇몸이 좋아서. 그때 그렇게 결과가 나왔어. 그래서 찍잖아요, 잇몸이 좋아서 바로 임플란트 해도 된대, 근데 임플란트 할 돈이 어디 있어. 그래서 말고 그랬어, 근데 갔다 와서 스트레스받고 그러니까 이가 흔들리는 거야. 위에 이는 하나도 안 썩고 안 빠졌거든요? 썩지도 않았어, 위에 이는. 근데 어느 시점엔가 윗니가 하나 흔들리는 거야.

병원 가서 물어봤어, "왜 그러냐? 멀쩡한 이빨이 왜 이렇게 흔들리고 아프냐?" 그랬더니 잇몸이 주저앉아서 그렇대, 스트레스로. "그럴 수도 있느냐?"고, "스트레스로 그럴 수 있느냐?"고 그랬더니 충분히 그럴 수 있대. 하나 뺐다니까요, 너무 아파서 생니를 흔들려 가지고. 많이 흔들리는 거여, 내가 맨날 아프니까 손바닥으로 미는 거야, 자꾸 빨리 빼버릴라고. 그러더니 안 빠져서, 너무 아파서 병원 갔더니 그냥 빼주더라고. 물어봤더니 스트레스로 그렇대,

멀쩡한 이빨이 주저앉고. 그런 걸 잇몸이 스트레스, 그때 당시에 또 임플란트를 얘기를 물어봤어. 그랬더니 (웃으며) 임플란트 할래면 또 입혀야 된대 잇몸을, 돈이 더 들어가는 거래. "아니, 저번에는 그러지 않지 않았냐"고 내가 또 따졌어, 그랬더니 상당히 안 좋아지셨대, 1년 새에. 그래서 스트레스 때문에 결국은 좋지 않은 거구나.

6
남은 가족들의 일상

〈비공개〉

면담자 근형이 동생은 잘 지내고 있나요?

근형 아빠 잘 지내요, 걔는 똑똑해 가지고.

면담자 사고 나고 근형이를 많이 찾았다고 했는데.

근형 아빠 어이고, 이 녀석이 "나 쪼끄맸을 때는 엉아가 두 개였었는데 하나밖에 없다"고 그래요, 요새도 "왜 없지?" 그러면서.

면담자 아직까지도 이해를 못 하나 봐요.

근형 아빠 에에, 이해를. 아직까지 얘기해 줄 게 아냐, 얘기를 알아듣지를 못하니까. 그래도 얘기를 해주면 될 거 같기도 해요. 좀 있다가 초등학교 들어가면 해줘도 되지 않을까 그런 생각이 들어요, 잊혀지면은. 그래 쪼그맸을 때는 "4살 때는 엉아가 두 개였었는데 왜 하나밖에 없어?" 그렇게 물어봐요. 그러고 어떤 때는 그래요. "엉아, 근형이 엉아 학교 가더니 안 와요. 마술에 걸렸나 봐요. 엉아를 우리는 기달려야 되는 거지요?" 엉아가 너무 잘해줬어요, 걔밖에 몰라요. 쪽쪽 빨고 맨날 지가 키우겠다고 그런 거예요, 약속을. "아빠는 안 키워도 돼. 나한테 맡겨" [그러면] "니 맘대로 해라. 고마워" (웃으며) 그랬던 거예요. 근데 이 녀석이 요즘도 가끔씩 뜬금없이 "나 어렸을 때는", "지금도 어려, 이놈아" 뜬금없이 그래. "나 4살 때는 엉아가 두 개 있었는데", "두 개가 아니라 두 명", "왜 없지?" 답을 안 해, 답을 할 수가 없지. 엄마가 아직 하지 말재. 그러면 근형이 방에 가서, 그 초창기는 근형이 방을 자꾸 열어서 "엉아!" 엉아하고 그렇게 잘 놀았으니까 근형이 방을 열고 "엉아!" 이러는 거예요, 그럼 없지. 초창기에는 그랬어요, 그래 그게 너무 가슴 아팠던 거지. 그렇게 엉아가 쪽쪽 빨고 그랬거든, 동생을 그렇게 사랑했어요. 그리고 친구 만난다고 저녁에 나가면서도 애를 안고 나가, 애 자랑하느냐고. "내 동생이라고" 그렇게 아꼈어요.

면담자　　　학교에 소문이 났었다고요? (근형 아빠 : 예) 동생 바보라고.

근형 아빠　　　동생 바보로 너무 쪽쪽 빨고 그리[더]니 어떻게 죽었는지 몰라, 그잖아요? '내 동생 어떻게 할까' 그렇게 생각했을 거 아니에요, 지키고 있겠지, 지금도.

7
지난 활동 중 아쉬움이 남는 점

면담자   참사 이후에 세월호 활동에 대해서 아쉬웠던 점이 있으신가요?

근형 아빠   참사 이후에?

면담자   그때는 몰랐지만, 지금 생각에 이렇게 했으면 더 나았을 거 같았다라든가.

근형 아빠   참사 이후에? 아, 정부에서 하는 것 중에서?

면담자   정부가 아니라 아버님이 하셨던 활동 중에서요.

근형 아빠   활동 중에? 나야 할 만큼 했어요, 나도 너무 바빴지. 나는 노는 사람이니까 다른 사람보다 활동을 더 많이 했으면 했지 적게 하지는 않았거든. 그대로 쫓아댕기는 건 다 쫓아댕기는 거, 또 우리 반에서 내가 나이가 제일 많아요, 7반에서. 그 힘들어. 말하는 (웃으며) 젊은 사람들마냥 그렇기 나대고 할 수가 없어요. 그래서 젊은 사람보고 하라고 그잖아요. 내가 나서면 걔들이 못 할 거 아니에요, 젊은 애들이. 그래서 중지하고 있는 수도 있어요, 나는 참을 수도 있고. 근데 나도 성질나, 성질나는데도 애들이 젊은 사람들이, 젊은 아버님들이, 어머님들이 해주니까 난 뒤에서 보태만 주는 거지. 지금도 마찬가지예요, 반 대표 하라고 막 그랬었어요, 초창기서부터 나이가 있으니까 '젊은 사람들이 많이 들을 거다'

생각하고 그랬나 봐요. 젊은 아버님들, 어머님들이 난 나이가 많으니까. 그래서 "그건 아니다, 내가 나이 많다고 대표를 하는 거는 아니다. 젊은 사람들이 똑바로 가고 더 빠릿빠릿할 수가 있으니까 나는 젊은 사람 뒤에서만 코치해 주겠다" 하고 뒤에서 물러나 있는 거야.

"그렇지만 활동하는 건 내 해주겠다" 내가 놀고 있으니까. 그래서 내[나는] 대표 자리도 안 했고 옆에서만 자꾸 밀어주고 하고 있는 거지요. 초창기서부터 그랬어요, 대표 하라고 "형님이 하세요. 그래야지 젊은 사람들이 말을 들을 수가 있다, 말 안 들을 수도 있다" 그런 거예요. "그건 아닌 거 같다. 똑바로 하면 말 듣지 않겠냐? 옳은 일만 하면은 왜 말을 안 듣겠냐? 자기 성격대로 하면 안 된다. 올바른 선에서 추진하면은 들어줄 것이다. 다 공감이 되면 되는 거 들어줄 것이다. 나이 많다고 들어주고 안 들어주고 그건 아닌 거 같다" 난 뒤에서 밀어줄 테니까 이렇게 해라 그랬지. 그래서 내가 지키고 있으니까 우리 반이 잘 돌아가는 거예요, 뒤에서 듬직하게. 그래서 잘 따라온다고, 우리 반 당직 때도 엄청 많이 와요. 다른 사람은 한 명, 두 명 당직 안 설 때도 있어. 가보면 문 잠겼어요, 없어.

면담자   그럴 때도 있어요?

근형 아빠   에에, 우리는 꼭 나 아니면은 민수 아빠가 자요, 둘 다 자고 그렇게 움직이고. 내가 해보고 싶었던 거는 청와대 1인 시위 했을 때, 그때 당시 어떻게라도 또 들어가 볼 수… (웃으며) 왜왜왜 내가 그걸 못 했냐면, 물어봤어요, 내가 1인 시위 할 때 막 이렇게 오면 "일로 와보시라"고 거 왔다 갔다 해요, 정보과 애들이 알록달록한 옷 입고. "와보시라"고 그랬더니 "왜요?" 그래. "내가 지금 여기서 요이 땅 해가지고 절로 막 뛰어가면 어떻게 할 건데?" 그랬더니 "한번 해보세요" 그러더라고(웃음). "해보세요. 큰일 나요" 그래서 "왜?" 그랬더니 한 40명이 달려든대. 한꺼번에 여기저기서 다 나온디야 숨어 있다가. "그려? 어디 숨어 있는데?" (웃으며) "저 안에는 총 들고 있어요. 가지 마요, 위험해요" 그러더니 "누구 지킬라고 총 들고 있냐?" 비비 꼬는 거지. 그렇게 하고 싶었는데도 목숨이 하난데. 이래 죽나 저래 죽나, 일찍 죽나 늦게 죽나 죽는 건 똑같은 거고.

면담자   그래도 밝히고 가서야 하죠?

근형 아빠   그것 때문에 못 했어, 꼭 밝힐라고. 아들하고 약속했으니까. 힘들었어요, 난 너무 활동 많이 해가지고 안 가본 데가 없잖아요. 전국적으로 광주에 가서, 그 법원에 가서 보면 뭐 할 거여. 열받는 거지, 그것도 괜히 시간만 낭비하고 어떻게 사진을, 카메라를, 동영상을 딱 찍어놓고. (아무것도 안 찍는 척하면서 핸드폰을 들고 있는 모습으로) 이렇게 하고 있었어요, 그잖아 이렇게 하고서 찍힐 거 아냐, 옆에 와서 툭툭 건드려 나를. "왜요?" 그랬더니 "끄세요" 아는 거야, 이거 주파수를. 방송으로도 '끄세요' 그래 가지고(웃음). 그래서 못 찍었어. 끝나고 찍지, 끝나고 막 나가고 그럴 때 찍고.

8

4·16 이후 세상에 대한 시선의 변화

면담자   참사 이후 세상을 바라보는 시선이나, 삶에 대한 태도의 변화가 생기셨나요?

근형 아빠   그게 뭔 얘기야?

면담자   참사 이전엔 세상이 잘 굴러가고 있다고 생각을 했는데, 4·16 참사 이후에는 그렇게 보지 못하겠다든가?

근형 아빠   몰랐던 것을 많이 봤죠, 다 썩었다. 국회의원이고 정부고 다 썩었다고 생각한 거야, 난. 그 전에는 그런 생각이 안 들었죠, 못 봤으니까, 이 상황을 모르니까. '이 사람들이 올바르게 살아가고 있구나'만 느꼈지. 예전에는 저 사람들이 너무 대단하게…. '저렇게 해야 되는 거구나. 국회의원들끼리 막 싸우고 그러는 거, 저렇게 해야 세상이 돌아가는구나' 그렇게만 알고 있었잖아, 어떤 놈이 나쁜 놈이고 어떤 놈이 좋은 놈이지 몰랐다가. 근데 지금은 [알고 보니] 다 똑같은 놈들이거든, 봤을 때 내가 봤을 관점에서는 그놈이나 그놈이나 다 나쁜 놈이거든. 정부의 녹을 먹고 있는 놈들은 다 나쁜 놈들로 이렇게 보여요, 지금은 세상이 썩은 걸로 보여요. 우리 편을 안 들어주면 다 썩은 거예요.

　　우리는, 유가족은 진짜 정의에 서서 싸우는 거 같은 느낌이 드는 거예요. 이렇게 해달라는데 안 해주는 건 나쁜 일이거든요. 내가 뭐 돈을 더 달라 그래? 그잖아요, 돈 더 달라는 거 아니잖아요?

그것도 세금이 아니잖어, 돈 주는 것도 보험료고, 회사에 구상권 청구해 가지고 받아내는 거고, 국민 성금이고 하지. 세금 1원 한 장 안 들어가는 거란 말이에요. 근데 세금이 다 들어가는 거마냥 보도해 놓고, 그런 것이 나쁘다는 얘기에요, 나는.

그런 것을 어떻게 우리가 이기겠어요? 언론에 미리 밑에 줄로 쭉 [강조해서] '유가족, 몇 억' 정부에서 [하는] 그거 나쁜 짓이여, 그건 언론을 이용해서 나쁜 짓 하는 거거든요. 지금 무슨 정부에서 세금으로 줬어? 그건 아니잖아, 그것도 여행자보험까지 정부에서 주는 양 그렇게 보도해 놓고. 그런 것을 봤을 때는 내가 여태 겪은 걸 봐서 '너무 세상이 나쁘다'. 옛날에는 그렇게 안 느껴졌거든. '세상 잘 돌아가고 있구나. 내가 회사에서 이렇게 열심히 하니까 잘 돌아가고 있겠지' 그랬거든요. 시계마냥 똑딱똑딱 왔다 갔다 하면서 회사생활 했거든. 땡 하면 집에 오고 땡 하면 회사 가고 남들모양 똑같이 생활을 했어요. 근데 지금은 그게 아녀, 세금 내고 싶지도 않아요, 이 나라에. 그래서 담배도 안 펴, 이유가 여러 가지예요, 담배 안 피는 거는. 내가 그 세금을 왜 내? 세금이 얼만 줄 알아요, 그 담배가? 엄청나거든요. 그거 12개월이면 말도 못 할 거예요, 그거. 〈비공개〉 또 올릴지도 몰라, 세금. 세상이 그렇게 나쁜 거를 이제야 알았다는 거지. 다 알았다는 얘기야, 몽땅 나쁘다.

그중에 선한 사람도 있겠지. 우리 편에 서서 있는데도 말도 못 하고 있는 사람도 있어요, 모가지 달아날까 봐 그런 사람들 있어요. 있기는 허지만은 '나쁘다' 그런 생각을 지금 하고 있어. 너무 나

뻔 거는 왜 우리 유가족을 안 쳐다봐? 정부에서 "해준다" 그랬으면 해주고 "얘기 듣는다" 그랬으면 들어주고 해야지. 우리가 뭐 욕을 하겠어요? 때리겠어? 우리 힘없어요. 우리가 누구를 죽이겠어? 우리 아들들 왜 죽었는지만 밝혀달라는 것인데, 우리 아이들. 그죠? 그게 뭐가 힘들어? 그러믄 '어쨌든 사고 나서 죽었다, 뭐가 어떻게 해서 어디서부터 어떻게 잘못해 가지고 이게 사고 났고' 그렇게 얘기해 주면 되잖아요, 그거 숨길 게 뭐 있어. 그러니까 우리는 자꾸 이거 뭐가 구리다? 지들이 지금 대답을 안 하니까 우리는 자꾸 파고드는 거예요. 만약에 그쪽에서 대답을 어떻게 해서라도, 비비 꽈서라도 얘기를 해줬어. 그러면 '이거는 아니다' 우리가 반박할 수 있고, 그럼 그것 또 반박할 거 아냐, 거기서. 그렇게 대화가 돼야 되는데, 이건 철통 보안이야, 우리 감시만 하고. 그죠? 카메라 돌려 가지고 우리 감시하고, 우리가 몇 시에 '오늘 저놈들 몇 시에 나가는군' 다 쳐다보고 있고.

안 봐도 알아요, 감시하는 거. 그게 정부야, 그러니까 우리는 이거 어디서부터, 법원 가서도 피켓 들고 교육청 가서 피켓 들고 국회 가서 요새는 피켓 들고 막 찔러보는 거여. "누가 이기나 한번 해보자. 우리는 끝까지 가겠다". 정권 바뀔 때까지 가야죠, 그죠? 이길 때까지 하는 거야, 우리는 '니들이 바뀌든지 말든지 우리는 하겠다'. 그리고 정권이 좀 안 바뀌더라도 계속해야 될 거 아녀. 바뀌든 안 바뀌든 해야 되는 거예요. 왜냐? 이유를 알아야 될 거 아니에요, 왜 이걸 안 구하고, 못 구한 게 아니라 안 구한 거잖아, 안 구한 거.

특공대가 동거차도 초등학교에 있었대요. 분교에 거기에 상주해 있었대요. 갔었잖아요, 근데도 안 구한 건데 뭘, 움직이지도 않았다더만, 특공대는. 그런 게 느껴졌죠, 그렇게 〈나쁜 나라〉, 나는 지금 〈나쁜 나라〉 상영하고 있잖아요, 나는 또 하나를 더 만들어야 되겠다, 〈진짜 나쁜 나라〉 그죠? 〈나쁜 나라 2〉 그거를 만들어야 되지 않나 싶어요. 더 큰 최루탄 맞은 거 그거 다 상영해 가지고 해야 되는 거 아니냔 얘기야, 근데 그거 하나도 안 나왔잖아요.

나도 나왔어요, 거기 〈나쁜 나라〉에. 봤어요? 못 봤죠? 어디 나오냐면 중간 정도인가? 국회에서 내가 그걸 거기 갔어요. 가서 찍었어, 김기춘이 낯짝 찍고 이걸로 다 찍어놨어. 찍어놨어요, 김기춘이 이제 연설 끝나고 나올 때 영석 아빠가 일로, 내 자리를 지나서 일로 나와요. 영석 아빠는 왜 나왔나? 소리 지를라고 나온 거여. 김기춘이 갈 때 삿대질할라고 나온 거거든. 나는 그걸 알고 아마 가만있었고, 그거 아니었으면 나도 소리 지를라고.

면담자   그럼 두 분 같이 나오시겠네요?

근형 아빠   아니, 다 찍혔어. 나 앉아 있는 거 찍히고 영석 아빠는 나가는 거 찍히고 다 찍혔어. 그건 〈나쁜 나라〉에 다 나와. 나는 머리가 짧고, 그때 당시는 머리가 되게 짧았어요. 그거 한 컷 딱 나오더라(웃음). 〈비공개〉

9
앞으로 남은 삶에서 추구하는 목표

면담자   아버님, 너무 힘드셨죠. 제가 딱 하나만 더 여쭤보고 오늘은 마무리할까요? (근형 아빠 : 예) 앞으로 남은 삶에서 어떤 한 가지 추구하시는 목표가 있으시다면 그게 어떤 건지?

근형 아빠   추구하는 목표는, 이게 잘 마무리될 수 있도록 잘, 우리 유가족 입장에서 하루빨리 그것도 잘 정리가 되고. 여러 가지 문제가 있어요, 지금 교실 존치도 그렇고 또 제일 급한 거는 추모 시설이죠. 그게 여러 군데서 나눠져 있으니까 한군데로 모아놓는 게 입장이에요, 우리는. 근데 그것도 또 싸워야 될 거 같애요, 내 생각에는. 왜냐? 주민들이, 시민들이 반대가 심해서. 그게 좀 힘들 거 같기도 하고, 그런 것도 다 해결해야 되고. 우리 입장에 조금이나마 진실이 밝혀질 때까지, 진실이 밝혀지고 추구하는 게 그거죠. 진실이 밝혀지고 청문회도 올바른 청문회, 전 국민이 알 수 있는 청문회, 투명하게 할 수 있는 청문회. 그러면 어떤 사람은 유명할 수도 있잖아요, 청문회에서 그잖아요? 이호직? 뭐 누구? 이호선 교수? 이호중 교수인가? (면담자 : 이호중) 이호중.

아, 그 사람 진짜 똑소리 나게 잘하대. 그런 사람들이 사회에 진짜 득이 되는 인물이 돼가지고 큰일을 할 수 있게끔, 할 수 있는 세상이 왔으면 좋겠어. 진짜 좋은 사람 같애, 그렇게 얘기하는 거 보면. 내가 만약, 특조위 그 위원장 너무 약해. 강성 있게 좀 나가가지고, 똑바른 청문회가 되고 좀 강성 있게 나갔으면 좋겠어. 너무 힘이 없어요, 그래야지 뭐 조금이라도 나오지. 말하는 거 보면 쓸 만한 얘기가 없어 "그러게 말입니다" 그런 소리만 자주 해. 그래서 쓸 만한 얘기가 나한테 와닿지 않아, 저걸 얘기하는데 엉뚱하게 얘기하는 거 같애. 나한테 와닿아야지 공감을 하잖아요. 쓸데없는 얘기를 많이 해, 덧붙이는 말을 너무 많이 한다는 얘기야. 그래 갖고 "저게 무슨 얘기야 도대체? 들어주겠다는 얘기야, 말겠다는 얘기야?" 그래 갖고 너무 강성 있게 나가지 않고, '우리가 선택을 잘못했나?' 그런 생각이 저번에 퍼뜩 들더라고. 그잖아요, '똑똑하고 젊은 사람이 똑 부러지게 했으면은 과연 청문회가 저렇게 됐을까? 위원장이 똑 부러졌으면은? 힘 있는 사람이 위원장이 됐으면은 청문회도 분명히 국회에서 했을 수도 있지 않았나' 그런 생각이 드는 거예요. '우리가 너무 약한 사람을 뽑아놨나?' 그런 생각이 들어요. 그런 아쉬움도 있고 빨리 해결했으면 좋겠어요. 여러 가지 얘기가 있지만은 진실이 밝혀질 때까지 싸울 것이며, 정권이 바뀌어도 진실이 밝혀질 때까지는 싸워야죠.

면담자   진상 규명과 선체 인양, 이런 모든 것들이 잘 마무리가 된다면, (근형 아빠 : 선체 인양?) 선체 인양을 포함한 진상 규명 이런 것들이 다 마무리가 된다면, 그다음에는 어떻게 어떤 삶을 살고 싶으신가요?

근형 아빠   어떤 삶? 똑같지. 세상이, 세금을 적게 내고 살 수 있는 방법이 없을까 연구를 해야지. '너들이 그렇게 했으니까, 응?' 좀 돈을 적게 벌어야 된다 그잖아요? 돈을 안 벌어야지 세금을 적게 내거든, 그럼 말이 안 되잖아요. 돈 많이 벌면서 (웃으며) 세금.

면담자   아버님, 많이 버시는 게 비율적으로 조금 내실 수도 있어요.

근형 아빠   (웃으며) 근데 사실 기초생활수급자면서 벤츠 끌고 댕기는 사람도 있어요. 그 뭔 그게 씨나락 까먹는 소리야. 그게 세상이 그래요. 그래도 나라에서 타먹을 건 또 다 타먹어요. 그죠? 봐 봐 이제 아파트값 떨어질 거예요.

면담자   살 사람이 없으니까?

근형 아빠   응, 그래서 지금 안 사고 있어, 나도 떨어질 때까지, 돈도 없지만.

면담자   저희 구술이 거의 끝나갑니다. 혹시 3차 동안 못 하신 말씀 있으시면 해주세요.

근형 아빠   여기선 생각이 안 나, 집에 가면 생각나겠지, 뭐 안 했고…. 할 거 다 했어?

면담자   이제 아버님께 한 가지만 여쭤보면 됩니다. (근형 아빠 : 뭐?) 진상 규명이 아버님한테 어떤 의미이고 진상 규명의 전망은 어떤지 말씀 부탁드립니다.

근형 아빠   전망? 진상 규명의 전망? 그건 뭐 [대답하기] 힘들은 거 같은데.

면담자   그럼 아버님이 생각하시는 진상 규명의 의미를 이야
기해 주세요.

근형 아빠   의미, 밝혀야지, 죽기 살기로 끝까지 가야지 뭔 의미
가 있어? 의미란 우리 애들이 억울하잖아요, 왜 죽었는지는 알아야
지 부모의 도리지, 죽어서 뭐라고 얘기할 거여? 안 된다면은……
꼭 밝히고, 내가 활동을 많이 했는데도 너무 지쳐가지고, 지금도
많이 가고 그러지만은 답이 없으니까 힘들어요. 답이 없으니까 힘
들고 국회 가서도 그 애들 듣겠어요? 떠들어도. 아무리 말 그대로
해도 안 듣는다, 들리지도 않고. 근데도 떠들고 있는 게 불쌍해요.
불쌍하고 너무 힘이 없으니까 애들한테 미안하고, 우리 아이들한
테. 어떡해? 힘이 없는데, 그거를 왜 대통령은 가만있냐, 대통령이
나서서 해줘야지 지가 약속했으면은. 난 그래야 된다고 봐요, 해결
하는 방법은 대통령이 나서는 일밖에 없어요. 그럼 어떻게 해야 되
게? 답이 나오잖아요. 정권을 바꿔야 돼, [안 그러면 답을] 찾을 수도
없어요.

〈비공개〉

면담자   고생 많으셨습니다. 오늘은 이만 마치도록 하겠습니
다. 1, 2, 3차 때 못 하신 말씀 있으면 연락주세요.

근형 아빠   네, 고생했어요.

4·16구술증언록 단원고 2학년 7반 제5권

그날을 말하다 근형 아빠 이필윤

ⓒ 4·16기억저장소, 2020

기획 편집 4·16기억저장소 ┊ **지원 협조** (사)4·16세월호참사가족협의회
펴낸이 김종수 ┊ **펴낸곳** 한울엠플러스(주)
초판 1쇄 인쇄 2020년 4월 1일 ┊ **초판 1쇄 발행** 2020년 4월 16일
주소 10881 경기도 파주시 광인사길 153 한울시소빌딩 3층
전화 031-955-0655 ┊ **팩스** 031-955-0656 ┊ **홈페이지** www.hanulmplus.kr
등록번호 제406-2015-000143호

Printed in Korea.
ISBN 978-89-460-6766-0 04300
        978-89-460-6801-8 (세트)
* 책값은 겉표지에 표시되어 있습니다.